D1088292

MOZART · DIE DOKUMENTE SEINES LEBENS
ADDENDA UND CORRIGENDA

WOLFGANG AMADEUS MOZART

Neue Ausgabe sämtlicher Werke

IN VERBINDUNG MIT DEN MOZARTSTÄDTEN
AUGSBURG, SALZBURG UND WIEN HERAUSGEGEBEN VON DER
INTERNATIONALEN STIFTUNG MOZARTEUM SALZBURG

Serie X: Supplement

WERKGRUPPE 31: NACHTRÄGE
BAND 1: ADDENDA UND CORRIGENDA ZU
MOZART · DIE DOKUMENTE SEINES LEBENS

BÄRENREITER KASSEL · BASEL · TOURS · LONDON

1978

MOZART

Die Dokumente seines Lebens

ADDENDA UND CORRIGENDA
ZUSAMMENGESTELLT
VON JOSEPH HEINZ EIBL

BÄRENREITER KASSEL · BASEL · TOURS · LONDON

1978

En coopération avec le Conseil international de la Musique

Editionsleitung:
Wolfgang Plath · Wolfgang Rehm
Rudolph Angermüller · Dietrich Berke

Zuständig für:

BRITISH COMMONWEALTH OF NATIONS
Bärenreiter Ltd. London

BUNDESREPUBLIK DEUTSCHLAND
Bärenreiter-Verlag Kassel

DEUTSCHE DEMOKRATISCHE REPUBLIK
VEB Deutscher Verlag für Musik Leipzig

FRANCE
Éditions Bärenreiter, Tours

SCHWEIZ
und alle übrigen hier nicht genannten Länder
Bärenreiter-Verlag Basel

Schutzumschlag: Das unvollendete Ölbild von Joseph Lange (Frühjahr 1789) stellt Mozart am Klavier dar (Mozart-Museum, Salzburg).

Gesamtherstellung: Bärenreiter
ISBN 3-7618-0566-7

INHALT

VORWORT

Otto Erich Deutsch selbst hat nach Erscheinen des Bandes *Mozart. Die Dokumente seines Lebens* (1961; *Neue Mozart-Ausgabe* X/34) *Parerga und Paralipomena* zu den Mozart-Dokumenten im *Mozart-Jahrbuch 1960/61* publiziert. Ferner hat er in der *Schweizerischen Musikzeitung* (102/1962) die zahlreichen, im Dokumenten-Band abgedruckten, Mozart betreffenden Tagebuch-Eintragungen des Grafen Johann Karl Zinzendorf mit revidiertem Text veröffentlicht. Weitere Dokumente, z. B. einzelne Eintragungen in „Beethovens Konversationsheften", hat Deutsch gesammelt und für die Veröffentlichung vorgesehen. In seinem Handexemplar des Dokumenten-Bandes hat er Berichtigungen und ergänzende Bemerkungen handschriftlich notiert.

Dieses von Otto Erich Deutsch publizierte bzw. gesammelte Material bildet den Grundstock der hiermit vorgelegten *Addenda und Corrigenda*. Soweit es sich um bereits von ihm publizierte Dokumente handelt, sind sie jeweils unter Hinweis auf die betreffende Publikation abgedruckt. Soweit handschriftlich vermerkte, nicht anderweitig nachgewiesene Corrigenda übernommen wurden, sind sie mit „OED" gekennzeichnet. Auch die im Dokumenten-Band selbst (auf S. 605 und 606) enthaltenen Corrigenda sind unter Angabe der Seitenzahl („Dok S. 605" bzw. „Dok S. 606") in den Nachtragsband eingearbeitet.

Sämtliche Daten der in den Zwischentexten vermerkten Ereignisse wurden überprüft und, soweit nötig, berichtigt. Dabei wurden vor allem die Texte der Gesamtausgabe *Mozart. Briefe und Aufzeichnungen* sowie die Vorworte und die erschienenen Kritischen Berichte zu den bisher vorliegenden Bänden der *Neuen Mozart-Ausgabe* herangezogen. Weitere bedeutsame, in den *Briefen und Aufzeichnungen* nachgewiesene oder als Ergebnis der Forschung in der Literatur veröffentlichte Dokumente und Ereignisse wurden zusätzlich aufgenommen; sie sind mit einem Stern (*) gekennzeichnet.

In der äußeren Gestaltung wurde am System des Dokumenten-Bandes festgehalten, also im Druck zwischen den Dokumenten bzw. den Ereignissen selbst und den Anmerkungen hierzu unterschieden. Die Einordnung der *Addenda und Corrigenda* in die chronologische Folge wird durch Hinweise auf die einschlägige Seitenzahl des Dokumenten-Bandes erleichtert.

Frau Gitta Holroyd-Reece (Wien) hat freundlicher- und dankenswerterweise das Handexemplar des Dokumenten-Bandes ihres Vaters Otto Erich Deutsch zur Verfügung gestellt. Zu Dank ist der Unterzeichnete ferner den Herren Dr. Rudolph Angermüller und Dr. Wolfgang Rehm von der Editionsleitung der NMA sowie den Herren Professoren Dr. Gerhard Croll (Salzburg), Dr. Marius Flothuis (Amsterdam) und Dr. Walter Senn (Innsbruck) für wertvolle Hinweise verpflichtet. Verspäteter, aber darum um so herzlicherer Dank gebührt Herrn Dr. Peter Branscombe (St. Andrews) für seine Mitarbeit am Dokumenten-Band selbst.

Eichenau/Oberbayern, im Frühjahr 1977 — Joseph Heinz Eibl

VERZEICHNIS DER ABKÜRZUNGEN

Abt.	=	Abteilung (der *Neuen Mozart-Ausgabe*)
Acta Moz	=	*Acta Mozartiana.* Mitteilungen der Deutschen Mozart-Gesellschaft e. V. Augsburg. Kassel 1954/55, Wiesbaden 1956–1965, Regensburg 1966–1968, Augsburg 1969 ff.
AMb	=	*Augsburger Mozartbuch. Zeitschrift des Historischen Vereins für Schwaben.* Band 55 und 56, herausgegeben von Heinz Friedrich Deininger, Augsburg 1942/43
Bartha	=	*Joseph Haydn, Gesammelte Briefe und Aufzeichnungen.* Unter Benützung der Quellensammlung von H. C. Robbins Landon, herausgegeben und erläutert von Dénes Bartha, Kassel etc. 1965
Bauer–Deutsch	=	*Mozart. Briefe und Aufzeichnungen.* Gesamtausgabe, herausgegeben von der Internationalen Stiftung Mozarteum Salzburg, gesammelt ... von Wilhelm A. Bauer und Otto Erich Deutsch, vier Textbände = Band I–IV, Kassel etc. 1962/63. (Dazu: zwei Kommentarbände = Band V und VI, aufgrund der Vorarbeiten von W. A. Bauer und Otto Erich Deutsch erläutert von Joseph Heinz Eibl, Kassel etc. 1971, sowie Register = Band VII, zusammengestellt von Joseph Heinz Eibl, Kassel etc. 1975)
BKh	=	*Ludwig van Beethovens Konversationshefte* *Band 1. Hefte 1–10.* Herausgegeben im Auftrag der Deutschen Staatsbibliothek Berlin von Karl-Heinz Köhler und Grita Herre unter Mitwirkung von Günter Brosche, Leipzig 1972 *Band 5. Hefte 49–60.* Herausgegeben im Auftrag der Deutschen Staatsbibliothek Berlin von Karl-Heinz Köhler und Grita Herre unter Mitwirkung von Peter Pötschner, Leipzig 1970
Deutsch I	=	Otto Erich Deutsch, *Parerga und Paralipomena,* in: *Mozart-Jahrbuch 1960/1961,* Salzburg 1961, S. 62–67
Deutsch II	=	Otto Erich Deutsch, *Mozart in Zinzendorfs Tagebüchern,* in: *Schweizerische Musikzeitung* 102 (1962), Nr. 4, Juli–August 1962, S. 211–218
Deutsch III	=	Otto Erich Deutsch, *Aus Schiedenhofens Tagebuch,* in: *Mozart-Jahrbuch 1957,* Salzburg 1958, S. 15–24
Deutsch Bild	=	*Mozart und seine Welt in zeitgenössischen Bildern,* begründet von Maximilian Zenger, vorgelegt von Otto Erich Deutsch (= *Neue Mozart-Ausgabe* X/32), Kassel etc. 1961
Dok	=	*Mozart. Die Dokumente seines Lebens,* gesammelt und erläutert von Otto Erich Deutsch (= *Neue Mozart-Ausgabe* X/34), Kassel etc. 1961
Hadamowsky	=	Franz Hadamowsky, *Die Wiener Hoftheater – Staatstheater 1776–1966. Verzeichnis der aufgeführten Stücke mit Bestandsnachweis und täglichem Spielplan. Teil I: 1766–1810, Wien* 1966 (*Museion.* NF. 4,1)
Hg., hg.	=	Herausgeber, herausgegeben
Hob.	=	*Joseph Haydn, Thematisch-bibliographisches Werkverzeichnis,* zusammengestellt von Anthony van Hoboken, 2 Bände, Mainz 1957 und 1971
Hummel	=	Walter Hummel, *W. A. Mozarts Söhne,* Kassel und Basel 1956

KB = Kritischer Bericht (zur *Neuen Mozart-Ausgabe*)

Köhler = Karl-Heinz Köhler, *Die Konversationshefte Ludwig van Beethovens als retrospektive Quelle der Mozartforschung*, in: *Mozart-Jahrbuch 1971/72*, Salzburg 1973, S. 120–139

KV = Köchel-Verzeichnis: Ludwig Ritter von Köchel, *Chronologisch-thematisches Verzeichnis sämtlicher Tonwerke Wolfgang Amadé Mozarts*, Leipzig 1862; 2. Auflage, bearbeitet von Paul Graf von Waldersee, Leipzig 1905, 3. Auflage, bearbeitet von Alfred Einstein, Leipzig 1937 und Ann Arbor 1947 (mit Supplement); 4. und 5. Auflage Leipzig 1958 bzw. 1961 (= Nachdruck der 3. Auflage ohne Supplement von 1947); 6. Auflage, bearbeitet von Franz Giegling, Alexander Weinmann und Gerd Sievers, Wiesbaden 1964. – Bei der Zitierung der Werke Mozarts nach Köchel-Nummern wird an erster Stelle stets die Nummer aus KV^1 oder KV^2 gegeben. Daran anschließend die von Alfred Einstein für zahlreiche Werke zusätzlich eingeführte Nummer und dann die in KV^6 eingeführte neue Nummer; letztere stets mit KV^6 versehen. Beispiele: KV 128 oder KV 164 (130^a) bzw. KV $164/130^a$ oder KV 287 (271^b; KV^6: 271 H)

MGG = *Die Musik in Geschichte und Gegenwart. Allgemeine Enzyklopädie der Musik*, herausgegeben von Friedrich Blume, 14 Bände, Kassel etc. 1949 bis 1968

MJb = *Mozart-Jahrbuch*
a) herausgegeben von Hermann Abert (drei Jahrgänge), Leipzig 1923, 1924 und 1929
b) des Zentralinstituts für Mozartforschung der Internationalen Stiftung Mozarteum, Salzburg 1950–1975, Kassel etc. 1976

Michtner = Otto Michtner, *Das alte Burgtheater als Opernbühne. Von der Einführung des deutschen Singspiels (1778) bis zum Tod Kaiser Leopolds II. (1792)*, Wien–Graz–Köln 1970 (*Theatergeschichte Österreichs*, 3.1)

MIt = *Mozart in Italia*, herausgegeben von Guglielmo Barblan und Andrea della Corte, Mailand 1956

MM = *Mozart-Mitteilungen vom Zentralausschuß der Mozartgemeinde Salzburg*, herausgegeben von Rudolph Lewicki, Salzburg 1918–1921; neu als *Mitteilungen der Internationalen Stiftung Mozarteum*, herausgegeben von Géza Rech, Salzburg 1952 ff.

MohrFMb = Albert Richard Mohr, *Das Frankfurter Mozart-Buch*, Frankfurt/Main 1968

MvA = Erich H. Müller von Asow, *Gesamtausgabe der Briefe und Aufzeichnungen der Familie Mozart*, Berlin 1942, zwei Bände und drei Kassetten mit Facsimilia

NAMb = *Neues Augsburger Mozartbuch. Zeitschrift des Historischen Vereins für Schwaben*, Band 62/63, herausgegeben von Heinz Friedrich Deininger, Augsburg 1962

Nissen = Georg Nikolaus Nissen, *Biographie W. A. Mozart's*, Leipzig 1828 (Faksimile-Nachdruck: Hildesheim–New York 1972)

NMA = *Wolfgang Amadeus Mozart. Neue Ausgabe sämtlicher Werke* (= *Neue Mozart-Ausgabe*), herausgegeben in Verbindung mit den Mozart-Städten Augsburg, Salzburg und Wien von der Internationalen Stiftung Mozarteum Salzburg, Kassel etc. 1955 ff.

NMJb = *Neues Mozart-Jahrbuch*, herausgegeben von Erich Valentin (drei Jahrgänge), Regensburg 1941–1943

Nr. = Nummer

ÖMZ = *Österreichische Musikzeitschrift*, Wien 1946 ff.

ÖNB = Österreichische Nationalbibliothek Wien

Pohl = Carl Ferdinand Pohl, *Mozart und Haydn in London, 1. Abtheilung: Mozart in London*, Wien 1867

r = recto

Rep III = *Repertorium der diplomatischen Vertreter aller Länder*, III. Band 1764 bis 1815, herausgegeben von Otto Friedrich Winter, Graz–Köln 1965

S. = Seite(n)

SMZ = *Schweizerische Musikzeitung* (früher: *Schweizerisches Sängerblatt* und *Schweizerische Musikzeitung und Sängerblatt*), Bern–Zürich 1861 ff.

Sp. = Spalte(n)

v = verso

Verzeichnüß = Wolfgang Amadeus Mozart. *Verzeichnüß aller meiner Werke von Monath Febrario [1784] bis Monath . . 1 . . .* (Faksimile-Ausgabe, herausgegeben von Otto Erich Deutsch, Wien–Leipzig–Zürich–London 1938)

Volek = Tomislav Volek, *Über den Ursprung von Mozarts Oper „La Clemenza di Tito"*, in: *Mozart-Jahrbuch 1959*, Salzburg 1960, S. 274–286

ADDENDA UND CORRIGENDA

Zu Seite 15–16:

1. und 3. September 1761, Anmerkung, Zeile 1: statt „Schulkomödie" lies „Schlußkomödie"; Zeile 15: statt „Namen" lies „Name". (Deutsch I S. 62)

Zu Seite 16:

12. Januar 1762: Die dreiwöchige Reise nach München ist nur in Nannerl Mozarts „Aufsatz" von 1792 (Bauer–Deutsch Nr. 1212) nachgewiesen.

18. September 1762: Während der (mit einem Mietwagen unternommenen) Reise nach Wien werden die Mozarts von einem Bedienten begleitet, dem in Salzburg als Kopist tätigen Richard Estlinger. (Bauer–Deutsch Nr. 34 und 35, 16. und 19. 10. 1762)

20. September: Als Quartier in Passau kommt auch der Gasthof „Zur goldenen Sonne" in Frage. (Josef Saam, *Mozart in Passau,* in: Acta Moz 13 [1966], Heft 1, S. 7–15)

Zu Seite 16–17:

26. September 1762, Anmerkung: Der Passauer Domherr Ernst Johann Graf Herberstein reist von Passau bis Linz mit den Mozarts auf dem gleichen Schiff, der „Wasserordinaire". (Bauer–Deutsch Nr. 32, 3. 10. 1762; Nr. 863, 30. 4. 1785)

Zu Seite 17:

* Am 1. Oktober 1762 gibt Wolfgang in Linz ein öffentliches Konzert (im Rathaussaal?), das auch der auf der Durchreise befindliche Johann Leopold Graf Pálffy aus Wien besucht, der hierüber dann (in Wien) dem Erzherzog Joseph (dieser der Kaiserin Maria Theresia) berichtet.

Bauer–Deutsch Nr. 34 (16. 10. 1762).

5. Oktober 1762, Anmerkung: Daß Wolfgang in Ybbs die Orgel spielte, ist durch Leopold Mozarts Brief vom 16. Oktober (Bauer–Deutsch Nr. 34) nachgewiesen.

Aus Karl Graf Zinzendorfs Tagebuch, 9. Oktober 1762

... Le soir a 8h j'allois prendre Lamberg et nous allames ensemble chez Colalto, ou la Bianchi chanta et un petit garçon qu'on dit n'avoit que 5 ans et demi joua du Clavecin...

In Deutsch II sind auf S. 211–218 sämtliche auf Mozart bezüglichen Eintragungen Zinzendorfs zusammengestellt, und zwar mit fast stets den Text im Dokumenten-Band korrigierendem Wortlaut; deshalb werden diese Tagebucheintragungen im folgenden nochmals vollständig abgedruckt. — Der „petit garçon" ist Wolfgang. — Karl Graf Zinzendorf war der Neffe von Nikolaus Ludwig Graf Zinzendorf, dem Begründer der Herrenhuter Brüdergemeine.

10. Oktober 1762, Zeile 2: statt „geb. Hardegg" lies „geb. Komtesse Hardegg". (Dok S. 605)

* Während des Opernbesuchs am 10. Oktober 1762 hört Leopold Mozart „den Erzherzog Leopold aus seiner Loge in eine andere hinüber . . . erzehlen, daß ein Knab in Wienn seye, der so trefflich das Clavier spielte etc."

Bauer–Deutsch Nr. 34 (16. 10. 1762). — Der Erzherzog ist der spätere Kaiser Leopold II., zu dessen Krönung als König von Böhmen Mozart fast 30 Jahre später die Oper *La clemenza di Tito* komponieren wird.

11. Oktober 1762: Bei dem Konzert beim Reichsvizekanzler begegnen die Mozarts u. a. dem ungarischen Hofkanzler Nikolaus Graf Pálffy-Erdöd und dem Grafen Rudolph Chotek (1765 böhmischer Hofkanzler).

Bauer–Deutsch Nr. 34 (16. 10. 1762). – Vgl. Ruediger Engerth, *Hier hat Mozart gespielt*, Salzburg 1968, S. 20.

* 13. Oktober 1762: Bei der Audienz in Schönbrunn ist auch die „Infantin" Maria Isabella, Herzogin von Parma, anwesend, die (erste, früh verstorbene) Gemahlin des Erzherzogs Joseph (des späteren Kaisers Joseph II.); sie läßt sich auf Aufforderung des Kaisers Franz Stephan vor Leopold Mozart auf der Violine hören.

Bauer–Deutsch Nr. 34 (16. 10. 1762).

Zu Seite 18:

AUS ZINZENDORFS TAGEBUCH, 14. OKTOBER 1762

... Chez la Princesse Trautson. J'y vis Me de Martinitz, amie de feu Me de Dünewald. Parlé au Nonce de l'opera. Il en critique beaucoup la poésie. Au sujet de ce petit garçon qui a joué hier a Schönbrunn et aujourd'hui chez Vhlefeld ...

Deutsch II S. 212. – Päpstlicher Nuntius („Nonce") in Wien war seit 1760 Vitaliano Conte de Borromeo. (Rep III, S. 289)

AUS ZINZENDORFS TAGEBUCH, 17. OKTOBER 1762

... Puis chez Thurn, ou le petit Enfant de Salzbourg et Sa Sœur jourent du clavecin. Le pauvre petit joue a merveille, c'est un Enfant Spirituel, vif, charmant, sa Sœur joue en maitre, et il lui applaudit. Melle de Gudenus qui joue bien du clavecin, lui donna un baiser, il s'essuya le visage.

Deutsch II S. 212.

Zu Seite 19:

21. Oktober 1762, Anmerkung: Zur 10tägigen Erkrankung Mozarts in Wien vgl. Erich Schenk, *Mozarts erster Arzt* (in: *Anzeiger der Österreichischen Akademie der Wissenschaften*, Phil.-hist. Klasse, Wien. 91. Jahrgang, 1954, Nr. 9, S. 133–142), und Johannes Dalchow, *W. A. Mozarts Krankheiten*, Bergisch-Gladbach 1955, S. 20 ff.

31. Oktober 1762: Das angeblich von Leopold Mozart seinem Sohn Wolfgang gewidmete „Noten-Übungsbuch" hat Wolfgang Plath als Mystifikation entlarvt. Vgl. Wolfgang Plath, *Leopold Mozarts Notenbuch für Wolfgang (1762) – eine Fälschung?*, in: MJb 1971/72, S. 337–341.

AUS ZINZENDORFS TAGEBUCH, 9. NOVEMBER 1762

... Chez M. de Pacheo dans la maison de Windischgraetz pres du *schwarzen Thor*. Le petit Salzbourgeois joua. Nicolini chanta a merveille.

Deutsch II S. 212.

Zu Seite 19–20:

Am 19. Oktober 1762 (nicht „am 19. November") übergibt der Hofzahlmeister Mayr im Auftrag des Hofes 100 Dukaten, mit der Aufforderung, den Aufenthalt in Wien zu verlängern. Am selben Tag (19. Oktober) konzertieren die Kinder bei dem französischen Gesandten. Dagegen findet die Galatafel zur Feier des Namenstages der verstorbenen Kaiserinmutter Elisabeth Christina, der die Mozarts als Zuschauer beiwohnen, am „19. November" statt.

Bauer–Deutsch Nr. 35 (19. 10. 1762); Nr. 42 (24. 11. 1762).

Zu Seite 20:

Am 20. Oktober 1762 (nicht „am 20. November") ist die Familie Mozart bei Graf Harrach zu Gast. Am gleichen Tag findet eine Akademie bei einem „gewissen Reichen vom Adl" statt.

Bauer–Deutsch Nr. 35 (19. 10. 1762). Ruediger Engerth, *Hier hat Mozart gespielt*, Salzburg 1968, S. 22–23. – Wahrscheinlich ist ersterer der Oberst-Erblandstallmeister Ernst Guido Graf Harrach, ein Bruder der Gräfin Maria Anna Lodron, der Gattin des salzburgischen Obersthofmarschalls Nikolaus Sebastian Graf Lodron. In diesem Fall fand das Konzert im Harrachschen Gartenpalais auf der Landstraße (Ungargasse 69) statt.

23. November 1762: Der „H: v Wahlau", bei dem die Mozarts speisen, ist Gottfried von Wallau, Reichshofratsagent und als solcher (von 1752 bis 1770) auch fürstlich salzburgischer Vertreter in Wien. (Rep III, S. 391) – An diesem Abend fand im Burgtheater die 15. Aufführung von Glucks *Orfeo ed Euridice* statt. (Mitteilung Gerhard Croll, Salzburg)

8. Dezember 1762: Am „Jour de Gala" beim „Service a Table" sangen Marianna Bianchi und Gaetano Guadagni; der Cellist Valotti spielte ein Konzert. (Mitteilung Gerhard Croll, Salzburg) – Marianna Bianchi trafen Leopold und Wolfgang im Herbst 1771 in Mailand wieder (Bauer–Deutsch Nr. 247/9 ff., 28. 9. 1771); dem Sänger Guadagni scheinen sie schon 1762 in Wien begegnet zu sein (Bauer–Deutsch Nr. 173/25 f., 3. 4. 1770).

25. Dezember 1762, Zeile 2 des Gedichts: statt „den grösten Spieler" lies „doch grösten Spieler". (OED)

Zu Seite 21:

31. Dezember 1762: Die Heimreise von Wien nach Salzburg erfolgt nicht „mit der Post", sondern mit dem von Leopold Mozart in Preßburg gekauften Reisewagen (siehe 24. Dezember 1762), mit dem die Mozarts 1763/66 die große Reise unternehmen und mit dem Mozart und seine Mutter 1777/78 nach Paris reisen. In Linz kommen sie am 2. Januar 1763 (nicht „1. Januar") an.

6. Januar 1763, Anmerkung, Zeile 1: statt „Bauerriß" lies „Bauerreiß". (OED)

Zu Seite 23:

12. Juni 1763: Der Gasthof in München, in dem die Mozarts Quartier nehmen, heißt „Zum goldenen Hirschen" (nicht „Zum Hirschen"); der Wirt (seit 1728) hieß Johann Heinrich Stürzer (nicht „Störzer").

Vgl. Robert Münster, *München und Wasserburg am Inn als Stationen der Mozartreisen von 1762 und 1763*, in: Acta Moz 15 (1968), Heft 2, S. 32–41.

14. und 15. Juni 1763: Zu dem Besuch bei Herzog Clemens Franz (1722–1770) vgl. Robert Münster, a. a. O.; ders., *Mozart „. . . beym Herzoge Clemens . . ."*, in: MJb 1965/66, S. 133–141 – Der Herzog gibt Leopold Mozart ein Empfehlungsschreiben an Kurfürst Karl Theodor von der Pfalz mit und schickt ihm ein solches an die Kurfürstin nach Augsburg nach. (Bauer–Deutsch Nr. 50 und 56, 21. 6. und 19. 7. 1763)

Die Konzerte der Kinder in Augsburg am 28. und 30. Juni und am 4. Juli 1763 finden im Gasthof „Zu den drei Königen" statt.

Deutsch Bild S. 308, zu Nr. 97.

Zu Seite 24:

9. Juli 1763: Die Mozarts sind von Plochingen über Cannstatt (nicht „über Stuttgart") nach Ludwigsburg gereist. Herzog Karl Eugen weilte auf seinem Jagdschloß Grafenegg.

Bauer—Deutsch Nr. 53 (11. 7. 1763).

Zu Seite 25:

Nach dem 19. Juli 1763 (nicht „nach dem 18. Juli") machen die Mozarts von Schwetzingen aus einen Ausflug nach Heidelberg und besichtigen dort das Schloß und das „große Faß". Von Schwetzingen aus reisen sie weiter über Worms nach Mainz. In Mannheim halten sie sich drei Tage auf.

Bauer—Deutsch Nr. 59 (3. 8. 1763). — Zum Spiel Wolfgangs auf der Orgel der Heilig-Geist-Kirche in Heidelberg vgl. Ursula Mauthe, *Wo blieb die Heidelberger „Mozart-Orgel"?*, in: Acta Moz 22 (1975), Heft 1, S. 5—9.

12. August 1763, Anmerkung: Die Mozarts scheinen in Frankfurt zunächst in einem Privatquartier in der Bendergasse 3 gewohnt zu haben, das ihnen vielleicht durch Johann Georg Wahler aus Frankfurt, den sie in München getroffen hatten, empfohlen worden war. Am 13. August wohnen sie bereits im Gasthof „Zum goldenen Löwen". — Zum Aufenthalt der Mozarts in Frankfurt am Main vgl. MohrFMb.

16. August 1763: Faksimile des „Avertissements" in den *„Ordentlichen . . . Franckfurter . . . Nachrichten"* vom 16. August 1763; vgl. MohrFMb S. 12. Obwohl in diesem „Avertissement" angekündigt wird, daß nur ein einziges Konzert stattfinden wird (am 18. August), haben in Frankfurt vier Konzerte stattgefunden, wie Nannerl Mozart in ihrem „Aufsatz" von 1792 (Bauer—Deutsch Nr. 1212) berichtet, nämlich am 18., 22., 25. und 30. August 1763. Nur die ersten drei sind in Leopold Mozarts Brief vom 20. 8. 1763 (Bauer—Deutsch Nr. 63) erwähnt.

Zu Seite 26:

18. August 1763: Johann Kaspar Goethes Eintragung erfolgte in seinem Kassenbuch (nicht in seinem „Tagebuch"). (OED)

In der Goethe-Literatur wird angegeben, daß der junge Goethe das Konzert vom 25. August (nicht das vom 18. August) besucht hat. Vgl. Heinz Nicolai, *Zeittafel zu Goethes Leben und Werk*, Frankfurt—Hamburg 1964, S. 8; Ernst Beutler, *Begegnung mit Mozart*, in: *Essays um Goethe*, Leipzig 1941, S. 220; *Goethes Leben und Werk in Daten und Bildern*, hg. von Bernhard Gajek und Franz Götting unter Mitwirkung von Jörn Göres, Frankfurt 1966, S. 13.

31. August 1763: In Mainz findet, nach der Rückkehr von Frankfurt, ein zweites Konzert der Kinder (vor dem 13. September) statt (Bauer—Deutsch Nr. 64, 26. 9. 1763). Nannerl Mozart überliefert in ihrem „Aufsatz" von 1792 (Bauer—Deutsch Nr. 1212) ebenfalls zwei Konzerte in Mainz.

* Am 18. September 1763 konzertieren die Kinder in Koblenz vor dem Kurfürsten Johann Philipp Reichsgraf von Walderdorff (1701 bis 1768) und am 21. September öffentlich.

Bauer—Deutsch Nr. 64 (26. 9. 1763).

Zu Seite 27:

30. September 1763: In Aachen sollen die Kinder ein Konzert gegeben haben, das jedoch nur in Nannerl Mozarts „Aufsatz" von 1792 (Bauer—Deutsch Nr. 1212) erwähnt ist. — In Aachen versucht die Prinzessin Amalie, Schwester des Königs von Preußen, Leopold Mozart zu überreden, statt nach Paris, nach Berlin weiterzureisen. (Bauer—Deutsch Nr. 67, 17. 10. 1763)

3. Oktober 1763: Die Quartierangabe „Zum wilden Mann" bei Tirlemont ist zu streichen (OED): Die Mozarts logierten nicht in Tirlemont, sondern in Löwen im Gasthof „Zum wilden Mann".

Bauer–Deutsch Nr. 65 (12. 8.–3. 10. 1763); Nr. 67 (17. 10. 1763).

* Am 7. Oktober 1763 findet in Brüssel ein öffentliches Konzert statt, bei dem der Generalgouverneur anwesend ist.

Bauer–Deutsch Nr. 73 (8. 12. 1763).

18. November 1763: In Paris nehmen die Mozarts nicht zuerst in dem Haus Quartier, in dem sie eine Wohnung bestellt hatten („Rüe st: Honoré chez Mr: le Noir Notaire vis a vis de la Rüe de l'Echelle") und in dem Christian von Mechel wohnt, sondern sogleich in dem Haus des Grafen Emanuel Franz van Eyck, dem Hôtel de Beauvais, Rue St. Antoine. Dessen Gattin Maria Anna Felicitas, geb. Arco, war eine Tochter des Salzburger Oberstkämmerers Georg Anton Felix Graf Arco.

Das Logis im Hause van Eyck hatte den Mozarts die im Hause des Oberstkämmerers tätige, mit den Mozarts befreundete Kammerjungfer Rosalie Joli vermittelt. (Bauer–Deutsch Nr. 73, 8. 12. 1763) – Mechel hat erst Ende März/Anfang April 1764 an dem Gruppenporträt Leopolds, Nannerls und Wolfgangs gearbeitet. (Bauer–Deutsch Nr. 83, 1. 4. 1763)

Zu Seite 27–28:

1. Dezember 1763, Anmerkung, vorletzte Zeile: Mit „la cour de Manheim" ist der kurpfälzische Hof in Mannheim (nicht „der kurfürstliche Hof in Schwetzingen") gemeint, der des Sommers in Schwetzingen residierte.

Zu Seite 29:

* Am 8. Januar 1764 abends 1/2 9 Uhr kehren die Mozarts von Versailles nach Paris zurück.

Bauer–Deutsch Nr. 78 (9. 1. 1764).

* Am 6. Februar 1764 stirbt die Gräfin Maria Anna Felicitas van Eyck, geb. Arco, die Gemahlin des Quartiergebers der Mozarts.

Bauer–Deutsch Nr. 82 (4. 3. 1764).

Zu Seite 30:

Mitte Februar 1764, Anmerkung: Im Quellennachweis statt „2888" recte „2886". (OED)

März 1764, Anmerkung zu „Opus I", Zeile 5: statt „Mutter der Mlle Marie Charlotte Vendôme" lies „Marie Charlotte Vendôme". (OED)

* Mitte Februar 1764 leidet Wolfgang ernstlich an „Halswehe und Carthar", die ärztliche Behandlung erforderlich machen.

Bauer–Deutsch Nr. 81 (22. 2. 1764).

* Am 3. März 1764 verläßt der als Bedienter mit den Mozarts nach Paris gereiste Sebastian Winter die Stadt, um in den Dienst des Fürsten Joseph Wenzel von Fürstenberg in Donaueschingen zu treten. Er vermittelt in späteren Jahren Kompositionen Mozarts an das Fürstenhaus.

Bauer–Deutsch Nr. 82 (4. 3. 1764); Nr. 782 (3. 4. 1784); Nr. 974 (8. 8. 1786).

Zu Seite 32:

30. März 1764, Absatz 2, Zeile 2–3: statt „von vielen anderen vornehmen Personen ...“ lies „vor vielen anderen vornehmen Personen ...“ (OED)

Zu Seite 33:

9. April 1764: statt „Clementine“ lies „Clémentine“. (OED)

10. April 1764: Bei der Abreise von Paris werden die Mozarts von zwei Bedienten begleitet, dem Elsässer Jean Pierre Potivin und dem Italiener Porta. Letzteren trifft Wolfgang später in Italien und in Wien wieder. (Bauer–Deutsch Nr. 86, 25. 4. 1764)

Zu Seite 34:

Ende April 1764, Anmerkung: *Original*: Henry E. Huntington Library, San Marino, California. (OED)

Zu Seite 36:

4. Juni 1764, Anmerkung, Zeile 3–4: statt „Barthelemon“ lies „Barthélémon“. (OED)

Zu Seite 38:

* Am 8. Juli 1764, nach einem Konzert bei Mylord Taneth, erkrankt Leopold Mozart schwer. Die Familie übersiedelt daher am 6. August zur Familie Randal in der Five Fields Row, am Rande der Vorstadt Chelsea, wo sie 7 Wochen bleibt. Bei ihrer Rückkehr nach London beziehen die Mozarts Quartier bei dem Miedermacher Thomas Williams, Thrift Street, Soho.

Bauer–Deutsch Nr. 91 und 92 (3. 8. und 13. 9. 1764); Nr. 99 (23. 4. 1764 – 4. 9. 1765).

6. August 1764, Zeile 1: statt Doppelpunkt nach „6“ lies Punkt. (Dok S. 605)

13. Dezember 1764, Zeile 3: statt „portait“ lies „portrait“.

Zu dem in Zeile 10 genannten „duc d'York“ vgl. Joseph Heinz Eibl, *Der „Duc de York“*, in: MM 23 (1975), Heft 1/2, S. 47–50.

Zu Seite 44:

* 13. Mai 1765: Bei dem Konzert in Hickford's Great Room wird von Nannerl und Wolfgang die in den ersten Maitagen 1765 komponierte Sonate in C für Klavier zu vier Händen KV 19^d uraufgeführt. Als Instrument steht ihnen ein zweimanualiger Kielflügel mit Pedal zur Verfügung, den Burkhard Tschudi 1765 für Friedrich den Großen gebaut hat.

Wolfgang Rehm, in: NMA IX/24/Abt. 2, S. VII, und KB zu diesem Band, S. 54–57.

Zu Seite 45:

19. Juli 1765, Anmerkung: Außer dem Chorus KV 20 überreicht Leopold Mozart dem British Museum auch je ein Exemplar der bis dahin erschienenen Sonaten Wolfgangs und den Delafosse-Stich. (Pohl S. 137)

Zu Seite 47:

* Am 24. Juli 1765 verlassen die Mozarts London, halten sich am 25. Juli in Canterbury auf und verbringen die Tage vom 26. bis 31. Juli auf dem nahe Canterbury gelegenen Landsitz Bourn Place des Horace Man.

Daß sie am 31. Juli einem Pferderennen in Canterbury beiwohnten, ist nicht möglich, weil die Rennwoche in Canterbury im Juli 1765 nur die Tage vom 23. (Dienstag) bis 26. (Freitag) umfaßte. Das „Pferdlaufen" müßten sie also während dieser Tage gesehen haben. (Christopher Roscoe, *Two 18th-century non-events,* in: *The Musical Times,* Volume 112, Nr. 1535, January 1971.) – Ob am 25. Juli das für diesen Tag um 11 Uhr vormittag in der Lokalzeitung von Canterbury angekündigte Konzert der Kinder stattgefunden hat, ist zweifelhaft. Weder in Leopold Mozarts Brief vom 19. September 1765 (Bauer–Deutsch Nr. 102) noch in Nannerls „Aufsatz" von 1792 (Bauer–Deutsch Nr. 1212) ist ein solches vermerkt.

6. August 1765: Im Text der Zeitungsnotiz sind folgende Berichtigungen vorzunehmen (OED):

In Zeile 5 ist hinter „Treten" einzufügen „so".

In Zeile 6 ist „genommen" zu ersetzen durch „gemacht".

In Zeile 10 ist nach „berühmten" einzufügen „sieben oder".

In Zeile 12 ist „Fertigkeit" zu ersetzen durch „Fähigkeit".

In Zeile 14 ist hinter „Wunder" der Punkt zu ersetzen durch ein Ausrufungszeichen.

Zu Seite 48:

18. August 1765: Den Tod des Kaisers Franz Stephan erfahren die Mozarts am 26. August in Lille. (Bauer–Deutsch Nr. 102, 19. 9. 1765)

Am 9. September 1765 (nicht „am 10.") abends 8 Uhr erreichen die Mozarts Rotterdam und am 10. (nicht „am 11.") abends um 7 Uhr Den Haag, wo sie im Hotel „La Ville de Paris" absteigen.

Bauer–Deutsch Nr. 102 und 103 (19. 9. und 5. 11. 1765).

Zu Seite 50:

21. Januar 1766, Anmerkung, Zeile 2: statt „Vygenham" lies „Vygendam". (OED)

Zu Seite 52:

16. April 1766, Zeile 3: ergänze „J. G. Mozart" zu „J. G. Wolfgang Mozart". (OED)

Zu Seite 53:

18. April 1766: Das Hotel in Utrecht, in dem die Mozarts logierten, heißt „Plaets-Royal" (nicht „Plaets-Royael"). (OED) Es liegt an der „Minrebroederstraat" (nicht „Minnebroederstraat"). (Hinweis Marius Flothuis, Amsterdam)

Zu Seite 54:

* Ende April 1766: Während des Aufenthalts in Antwerpen in der Fastenzeit 1766 wird ausnahmsweise ein Konzert der Kinder (am 30. April?) erlaubt.

Bauer–Deutsch Nr. 107, Mai 1766.

10. Mai 1766: Der Name des Bademeisters, bei dem die Mozarts nach der Ankunft in Paris am 10. Mai logieren, wird in Leopolds Reisenotizen (Bauer–Deutsch Nr. 110) „Briel" (nicht „Brie") geschrieben.

9. Juli 1766: Die Abreise der Mozarts von Paris erfolgt an diesem Tag um 8 Uhr abends (nicht „um etwa 5 Uhr nachmittags"). (Bauer–Deutsch Nr. 111, 16. 8. 1766)

Anmerkung, Zeile 2: statt „Michel-Barthelmy Ollivier's" lies „Michel-Barthélémy Ollivier's". (OED)

Zu Seite 55–56:

18. Juli 1766, Anmerkung, Zeile 2: statt „Joseph von Bourbon, Prinz von Condé" lies „Joseph de Bourbon, Prinz de Condé". (OED)

Zu Seite 56:

26. (?) Juli 1766: In Lyon wohnt Wolfgang einer öffentlichen Hinrichtung durch Hängen bei. (Bauer–Deutsch Nr. 258, 30. 11. 1771). – Die Daten der Rückreise von Paris nach Salzburg sind unsicher, weil Leopold Mozart in den Briefen regelmäßig nur die Aufenthaltsdauer in den einzelnen Orten, nicht aber die Daten der Ankunft und Abreise angibt.

15. August 1766, Anmerkung: Der letzte Satz ist zu streichen. (OED)

Zu Seite 57:

20. August 1766: In Genf hielten sich die Mozarts, Nannerls „Aufsatz" von 1792 (Bauer–Deutsch Nr. 1212) zufolge, drei Wochen auf, in Lausanne acht Tage.

Zu Seite 58:

3. Oktober 1766, Anmerkung: Die den Mozarts übergebene Ausgabe von Salomon Geßners „Schriften" war die von 1765. (OED)

Zu Seite 61–62:

11. Oktober 1766, Anmerkung: Die (S. 62 oben) erwähnte „alte deutsche Übersetzung" des Tissot-Berichts (S. 58–61) ist abgedruckt im *30. Jahresbericht der Internationalen Stiftung Mozarteum in Salzburg 1910*, Salzburg 1911, S. 38–43. Der (anonyme) Verfasser der Einleitung dazu vermutet in dem (am Schlusse mit „B. B." gezeichneten) Autor der Übersetzung Bernhard Basedow (1723 bis 1790). Siehe Dok S. 125.

Zu Seite 62:

19. Oktober 1766: Leopold Mozarts Brief vom 10. November 1766 (Bauer–Deutsch, Nr. 112) zufolge hielten sich die Mozarts 12 Tage in Donaueschingen auf, Nannerls „Aufsatz" von 1792 (Bauer–Deutsch, Nr. 1212) zufolge 14 Tage.

Zu Seite 65–66:

8. Dezember 1766, Anmerkung: Bei der am Fest Mariä Empfängnis „bey dem Hochamt im Thom" aufgeführten „Symphonie" handelt es sich wahrscheinlich um eine ganze Sinfonie des damals 10jährigen Wolfgang, nicht um eine Kirchensonate. (Ernst Fritz Schmid, in: KB zu NMA VI/16, S. i/4) – Bis 1768 hat Wolfgang, dem vom Vater erstellten Werk-„Verzeichniß" (Bauer–Deutsch Nr. 144) zufolge, bereits „13 Synfonien à 2 Violin, 2 Hautb: 2 Corni Viola e Basso" komponiert.

Zu Seite 67:

21. Dezember 1766, Anmerkung: Verfasser der „Comedia" *Il cavaliere di Spirito* ist Carlo Goldoni.

Zu Seite 68:

12. März 1767, Anmerkung: vor „A. a. O." ist zu ergänzen „Klein". (OED)

Zu Seite 69:

Anmerkung zu Beginn der Seite, Zeile 3: statt „Kapellmeister" lies „Hofkonzertmeister bzw. Hoforganist". (Hinweis Ernst Hintermaier, Salzburg)

19. März 1767, Anmerkung: Nach „Klein, a. a. O., S. 182" ist zu ergänzen: „Dies ist die Aufführung des 2. Teils des Oratoriums. Der dritte Teil wurde vermutlich am 26. März aufgeführt." (OED)

Zu Seite 70:

13. Mai 1767, Anmerkung: Das Intermedium *Apollo und Hyacinth* KV 38 ist in dem von Leopold Mozart 1768 erstellten Werk-„Verzeichniß" (Bauer–Deutsch Nr. 144) als „Eine Musik zu einer lateinischen Comoedie für die Universitet zu Salzburg von 5 singenden Personen" eingetragen.

Zu Seite 71:

* Am 28. August 1767 stirbt in Paris (an einer Pilzvergiftung) der Komponist Johann Schobert (* ca. 1740), der 1764 dort den Mozart-Kindern Nannerl und Wolfgang seine gestochenen Sonaten „verehret" hatte.

Bauer–Deutsch Nr. 80 (1. 2. 1764); Nr. 121 (10. 11. 1767).

* 11. September 1767: Auch die zweite Reise nach Wien unternehmen die Mozarts mit einem Bedienten (namens Bernhard). Dieser verließ jedoch die Familie in Wien, da er Lakai des Salzburger Domherrn Anton Willibald Graf Waldburg zu Wolfegg und Waldsee wurde.

Bauer–Deutsch Nr. 117 (29. 9. 1767); Nr. 133 (4. 6. 1768).

15. September 1767: Der Quartierwirt der Mozarts, Gottfried Johann Schmalecker, war Goldschmied (nicht „Goldarbeiter"). (Deutsch I S. 62)

Anmerkung: Der Titel der (am 9. September 1767 in Wien uraufgeführten) Oper Johann Adolf Hasses lautet richtig *Partenope* (nicht *„Parthenope"*). (OED)

* Nach dem 17. Oktober 1767, noch vor ihrer Flucht nach Olmütz, trennt sich die Familie wegen der Blatterngefahr: Maria Anna und Nannerl bleiben bei den Schmaleckers, Leopold und Wolfgang übersiedeln zu einem „guten Freunde".

Bauer–Deutsch Nr. 121 (10. 11. 1767). – Der „gute Freund" ist mit aller Wahrscheinlichkeit Franz Xaver Peisser, der am Salzgries wohnte, wohin von der Weihburggasse etwa die gleiche Distanz ist wie der von Leopold in dem vorerwähnten Brief zum Vergleich herangezogene Abstand vom Bürgerspital zur Kajetanerkirche in Salzburg (etwa ein Kilometer). Vgl. Heinz Schöny, *Zwei neuentdeckte Mozart-Wohnungen in Wien,* in: ÖMZ 16 (1961), Heft 4, S. 164–167.

Zu Seite 72:

23. Oktober 1767, Anmerkung: In Brünn kommen die Mozarts am 24. Oktober 1767 an. (Bauer–Deutsch Nr. 121, 10. 11. 1767)

26. Oktober 1767, Anmerkung: Während des Aufenthalts in Olmütz lernt Wolfgang von dem Kaplan des dortigen Bischofs, Johann Leopold Hay, Kartenkunststücke und von einem Fechtmeister das Fechten. (Bauer–Deutsch Nr. 1268, 24. 11. 1799)

* 10. November 1767: Nachdem Wolfgang genesen war, erkrankt Nannerl in Olmütz an den Blattern.

Bauer–Deutsch Nr. 122 (29. 11. 1767). – An diesem Tag kündigt Leopold Mozart in einem Brief (Nr. 121) an Johann Lorenz Hagenauer an, daß er die Lebensgeschichte Wolfgangs „seiner Zeit in Druck geben werde". Siehe auch 24. September 1769.

30. Dezember 1767, Anmerkung: Es ist möglich, daß Wolfgang bei diesem Konzert eines der 4 Pasticcio-Konzerte KV 37, 39–41 gespielt hat. (Eduard Reeser, in: NMA X/28/Abt. 2, S. XII)

Zu Seite 73:

18. März 1768, Anmerkung, letzter Satz: Leopold Mozarts Besoldung wurde ab April (nicht ab „März") 1768 einbehalten. (Bauer–Deutsch Nr. 132, 11. 5. 1768)

Ende März 1768, Anmerkung, Zeile 1: statt *„Wiener Diarium"* lies *„Wienerischen Diarium"*. (OED)

27. April 1768, Überschrift: Der Bindestrich zwischen „Thérèse" und „Geoffrin" ist zu streichen. (OED)

Anmerkung (S. 74): Die Mozarts waren Marie Thérèse Geoffrin 1766 in Valenciennes begegnet; in den Reisenotizen Leopold Mozarts wird sie als „Mad[me]: de Jeoffrion" erwähnt. (Bauer–Deutsch Nr. 105)

Zu Seite 74:

12. September 1768, Anmerkung: Die Grundsteinlegung der Waisenhauskirche fand nicht „im Sommer 1768" statt, sondern am 21. März 1768. (Karl Pfannhauser, *Zu Mozarts Kirchenwerken von 1768*, in: MJb 1954, S. 150–168, hier S. 151)

Zu Seite 77–78:

21. September 1768, Anmerkung: Die „Species facti" ist bei Bauer–Deutsch unter Nr. 139 abgedruckt, der Brief vom „24. September" 1768 unter Nr. 141. Der Brief an Hagenauer, in dem Leopold Mozart die Intrigen gegen die Aufführung von Wolfgangs Oper schildert, stammt nicht vom „30. Dezember 1768", sondern vom 30. Juli 1768 (Bauer–Deutsch Nr. 135). – Fredrik Christoph Graaf van Degenfeld Schomburg war von 1767 bis 1781 diplomatischer Vertreter der Niederlande in Wien (Rep III, S. 261). – Leopold Mozarts „Verzeichniß" der Jugendwerke Wolfgangs ist bei Bauer–Deutsch unter Nr. 144 abgedruckt.

Zu Seite 78:

* Aus dem Protocollum aulicum in Ceremonialibus de Anno 1768
Mercurii den 7t do [7. Dezember]

Ausfahrt Ihrer Maytt. d. Kaiserin Königin, mit einigen drchltgsten Herrschaften in das Waisen Hauß.

Eben anheute geruheten Ihre Kay: König. Apo: Maytt: samt denen 2. Erzherzogen Ferdinand, und Maximilian, dann denen Erzherzoginnen Elisabeth, und M. Amalia König: Hoheiten, in das Waißen Hauß auf den Rennweg sich zu erheben, um allda in der neu erbauten Kirche der ersten feuerlichen Einsegnung, und Gottes Dienst beyzuwohnen.

Haus-, Hof- und Staatsarchiv Wien, Folio 411 b und 412 a. – Vgl. Karl Pfannhauser, *Mozarts kirchenmusikalische Studien im Spiegel seiner Zeit und Nachwelt*, in: *Kirchenmusikalisches Jahrbuch*, Wien 1959, 43. Jahrgang, S. 155–198. – Bauer–Deutsch Nr. 142 (12. 11. 1768).

Zu Seite 79:

5. Januar 1769, Anmerkung, Zeile 1: Kajetan Rupert Hagenauer (1746–1811) wurde am 19. Oktober 1764 in St. Peter eingekleidet und legte am 20. Oktober 1765 die Profeß ab. (Herbert Klein, *Unbekannte Mozartiana von 1766/67*, in: MJb 1957, S. 178, Anmerkung 12). – Zeile 2: „Pater Dominikus" war er nicht schon mit seinem Eintritt in das Kloster. – Zeile 6: statt „Bauerriß" lies „Bauerreiß". (OED)

5. Februar 1769, Anmerkung: Daß die Missa brevis KV 65 (61[a]) „bei dem feierlichen Beginn des vierzigstündigen Gebets in der Universitäts-(Kollegien-)Kirche aufgeführt" worden ist, trifft nicht zu. (Walter Senn, in: NMA I/1/Abt. 1/1, S. XII)

Zu Seite 81–82:

Anfang März 1769: Leopold Mozarts Gesuch ist bei Bauer–Deutsch unter Nr. 146 abgedruckt. Der (unterhalb des Datums) genannte „Secretario v. Mayregg" ist Johann Kajetan Mayr von Mayregg (1721 bis 1797), seit 1762 Hofkammersekretär. (Franz Martin, *Hundert Salzburger Familien*, Salzburg 1946, S. 218–219)

Zu Seite 83:

6. und 8. August 1769: Bei den hier genannten Werken (Finalmusiken) dürfte es sich um die Kassationen KV 63 und KV 99/63[a] (also nicht um „KV 100") handeln. (Günter Haußwald, in: NMA IV/1, S. XVI)

Zu Seite 84:

24. September 1769, Anmerkung: Leopold Mozart forderte auch seine Frau zur Aufbewahrung der an sie gerichteten Briefe auf, die als Material für die von ihm beabsichtigte Biographie Wolfgang (siehe oben: 10. November 1767) verwendet werden sollten. Am 17. Dezember 1769 schreibt er beispielsweise an sie: „die Briefe must du alle aufheben". (Bauer–Deutsch Nr. 149)

Zu Seite 86:

15. Oktober 1769, Anmerkung: Zum Diarium des Abtes Beda Seeauer vgl. Herbert Klein, *Unbekannte Mozartiana von 1766/67*, in: MJb 1957 S. 168–185.

27. November 1769, aus dem „Verzeichnis der Salzburger Schatullegelder", Zeile 2: statt „durg[aten]" lies „Durg[aten]". (OED)

Zu Seite 87:

28. November 1769, Zeile 26: statt „of this ..." lies „of his ..." (OED)

Zu Seite 91:

28. November 1769, Anmerkung, Zeile 13: statt „T. Cock" lies „T. Cook". (OED) – Der mit der letzten Zeile auf Seite 91 beginnende Satz muß lauten: „Benjamin ben Jonas Reisebuch *Massaoth schel Rabbi Binjamin* erschien 1543 in Konstantinopel." (OED)

Zu Seite 92:

13. Dezember 1769: Leopold und Wolfgang kommen (auf der ersten Italienreise) um 1 Uhr mittags bis Kaitl (nicht „Kaltern") bei Reichenhall.

Deutsch I S. 63. Vgl. Herbert Klein, *Mozart in Reichenhall*, in: *Reichenhaller Heimatblatt*, 1959/ Nr. 4.

15. Dezember 1769: Am Gasthof „Zum weißen Kreuz" in Innsbruck (Herzog-Friedrich-Straße 31) ist eine Gedenktafel angebracht. (OED)

Zu Seite 93:

1770 (Hof-Kalender), Anmerkung: Der „Hochfürstlich-Salzburger Kirchen- und Hof-Kalender" wurde von Franz Anton von Gilowsky herausgegeben, später von Franz Mehofer. (OED) – Der Vizekonzertmeister Joseph Griner verschwindet 1772 (schon 1771?) aus dem Kalender. (OED) – Nach MGG VIII (Sp. 1130) heißt der lange Jahre in Salzburg tätige Kapellmeister Giuseppe Francesco Lolli (* 1701 in Bologna, † 1778 in Salzburg), nicht „Giuseppe Maria Lolli".

Zu Seite 94:

Januar 1770: Das Gedicht von A. M. Meschini lautet richtig:

Si rapuit Sylvas Orpheus, si tartara movit,
Nunc tu corda, Puer, surripis, astra moves.

Das (in Nissens Handschrift überlieferte) Gedicht Daniele Barbas lautet richtig:

Così, come tu fai,
suonando il biondo Apollo
colla sua cetra al collo
Spandea celesti rai.
Ma nò, che col suo canto
teco perdeva il vanto.

Staatliche Öffentliche M. E. Saltykow-Schtschedrin-Bibliothek in Leningrad. – Dmitri Kolbin, *Autographe Mozarts und seiner Familie in der UdSSR*, in: MJb 1968/70, S. 281–303, hier S. 302 f. (mit Faksimile). – Leopold Mozart hat die Verse in Abschrift am 11. Januar 1770 nach Salzburg gesandt.

Zu Seite 95:

Januar 1770: Das Gedicht von Zaccaria Betti lautet richtig:

Al Signore
Amadeo Mozart,
Giovanetto Ammirabile
Sonetto Estemporaneo,
Se nel puro del Ciel la Cetra al Canto
desta fra dolci carmi il divo Amore,
onde quanto è quaggiù col vario errore
al conosciuto suon risponde intanto;
Bene, o amabil Garzon, dar ti puoi vanto,
che tu ne formi l'armonia migliore;
poi che Natura in te Scolpi nel core
tutte le Note di quel plettro Santo.
Voi, che tant'anni in sù le dotte carte
per isfogar l'armonico desio,
l'opra chiedete, ed il favor del l'Arte;
Voi Sapete s'egli era il pensier mio;

che al dolce Suon de le sue note sparte
ite dicendo: sa la fè sol Dio.
In Argomento di Maraviglia e di Amore
Zaccaria Betti

Staatliche Öffentliche M. E. Saltykow-Schtschedrin-Bibliothek in Leningrad. – Dmitri Kolbin, a. a. O., S. 301.

10. Januar 1770: In Mantua steigen Vater und Sohn im Gasthof „alla Croce Verde" ab (nicht im „Ancora verde").

Bauer–Deutsch Nr. 156 (10.–23. 1. 1770).

Zu Seite 95–96:

12. Januar 1770, Anmerkung: Leopold Mozarts Brief vom 11. Januar, dem er ein Exemplar der *Gazetta di Mantova* vom 12. Januar 1770 beilegt, ist nicht an „Hagenauer" gerichtet, sondern an seine Frau (Maria Anna Mozart). (Bauer–Deutsch Nr. 155)

Zu Seite 96–97:

16. Januar 1770, Anmerkung: Die Sängerin, die mit dem Tenor Uttini ein Duett sang, war Leonore Ambreville. (Dok S. 605)

Zu Seite 98–99:

Januar 1770, Anmerkung: Das Gedicht der Margherita Sartoretti schickt Leopold Mozart als Beilage zum Brief vom 26. Januar 1770 (Bauer–Deutsch Nr. 157) an seine Frau. Die Verfasserin wird auch in den Reisenotizen Leopold Mozarts erwähnt. (Bauer–Deutsch Nr. 156)

Zu Seite 100:

2. Februar 1770, Zeile 2: statt *„Cesaro"* lies *„Cesare"* (Dok S. 605). – Ob Wolfgang „an einem anderen Tag" Nicolo Jommellis Oper *Didone abbandonata* gehört hat, ist zweifelhaft. Jedenfalls schreibt er am 26. Januar 1770 an die Schwester (Bauer–Deutsch Nr. 158): „wir waren noch nicht in der opera, wir haben gehört daß die opera nicht graden hat." – „In der Scala" könnte Wolfgang sie keinesfalls gehört haben; die Scala wurde nämlich erst 1776–1778 (als Ersatz für das 1776 abgebrannte Teatro Regio Ducal) erbaut und 1778 eröffnet.

7. Februar 1770, Anmerkung: Der Salzburger Erzbischof Leopold Anton Eleutherius Freiherr von Firmian, der von 1727 bis 1744 regierte (* 1679), hatte vier Neffen: Außer Karl Joseph noch Virgil Augustin Maria, Bischof von Lavant, Franz Lactantius (Laktanz), Obersthofmeister in Salzburg, und Leopold Ernst, Fürstbischof von Passau.

18. Februar 1770: Bei dem Konzert Wolfgangs bei Graf Firmian ist der Herzog Ercole III. (nicht „IV.") Rinaldo d'Este mit seiner Tochter Maria Beatrice Ricciarda anwesend, der künftigen Gemahlin des Erzherzogs Ferdinand.

12. März 1770, Anmerkung: Zu der Soirée sind u. a. wieder der Herzog Ercole III. Rinaldo und seine Tochter sowie der Erzbischof Giuseppe Pozzonbonelli geladen. Wolfgang komponiert für dieses Konzert „3 Arien und 1 Recit: mit Violinen" (Bauer–Deutsch Nr. 165, 13. 3. 1770), darunter KV 77 (73[e]) und KV 88 (73[c]).

Zu Seite 101:

14. März 1770, Anmerkung, Zeile 2: statt „Citá" lies „Cità". (OED)

20. März 1770, Anmerkung: Der in Guglielmo du Tillots Brief genannte „Baron de Knebel", Philipp Franz Freiherr Knebel von Katzenellenbogen, war 1769/70 kaiserlicher (nicht „österreichischer") Gesandter in Parma. (Deutsch I S. 63; Rep III, S. 85)

24. März 1770: Der Gasthof, in dem die Mozarts in Bologna Quartier nahmen, heißt „Pellegrino" (nicht „Pellegrino di San Marco"); das Quartiergeld (einschließlich Verpflegung) beträgt täglich ein Dukaten. (OED)

Bauer–Deutsch Nr. 172 (24.–29. 3. 1770); Nr. 170 (24. 3. 1770).

Zu Seite 101–102:

26. März 1770, Anmerkung: Den Padre Martini besuchen Leopold und Wolfgang Mozart nach dem Konzert vom 26. März zweimal. Auch suchen sie den berühmten Kastraten Carlo Broschi-Farinelli auf seinem Landgut auf. (Bauer–Deutsch Nr. 171, 27. 3. 1770)

Zu Seite 103:

29. März 1770: In den Reisenotizen (Bauer–Deutsch Nr. 174) nennt Leopold Mozart den Gasthof, in dem sie in Florenz logieren „al Aquila"; er heißt jedoch richtig „Aquila nera" (nicht „dell'Aquila").

MIt S. 88, Anmerkung 1. – Wolfgang sollte am 31. März bei George Cowper, Reichsgraf von Nassau Clavering, spielen, mußte aber mit Rücksicht auf einen „kleinen Catharr" absagen. (Bauer–Deutsch Nr. 173, 3. 4. 1770)

2. April 1770: Bei Gelegenheit des Konzerts am 2. April hat der Marchese Eugenio Ligniville, „der stärkste Contrapunctist in ganz Italien", dem Wolfgang „die schweresten Fugen vorgelegt und die schweresten Themata aufgegeben, die der Wolfg: wie man ein Stück brod isst, weggespielt und ausgeführt" hat. Der Geiger Pietro Nardini, den die Mozarts 1763 in Augsburg gehört hatten, begleitet Wolfgang bei diesem Konzert auf der Violine. (Bauer–Deutsch Nr. 173, 3. 4. 1770)

Zu Seite 104:

Am 2. und 3. April 1770 (nicht am „3. April") gibt es ein Wiedersehen mit dem Sopranisten Giovanni Manzuoli, der Wolfgang jetzt mehrere Arien vorsingt.

Bauer–Deutsch Nr. 173 (3. 4. 1770); Nr. 177 (21. 4. 1770).

Am 3. April 1770 (nicht „am 4. April") besuchen die Mozarts Signora Morelli. Am 30. März (nicht „am 31. März") war Thomas Linley bei Lord Cowper aufgetreten. Am 4. April (nicht „am 5. April") spielen Wolfgang und Linley im Gasthof auf ihren Violinen.

Am 6. April 1770 spielen Wolfgang und Linley bei dem Amministratore Generale Giuseppe Maria Gavard des Pivets.

Zu Seite 105:

6. April 1770: Das Abschiedsgedicht Linley's ist bei Bauer–Deutsch unter Nr. 175 abgedruckt.

7. April 1770, Anmerkung, Zeile 1–2: Lady Harriet Hesketh (nicht „Hasketh") war die Cousine des Dichters William Cowper (1731–1800). (OED)

Zu Seite 106:

Vater und Sohn Mozart kommen am 11. April 1770 „unter Blitz und Donner um Mittagszeit“ in Rom an und wohnen drei Tage in einem Einzelzimmer; am 14. April quartieren sie sich bei Frau Uslenghi ein.

Bauer–Deutsch Nr. 176 und 177 (14. und 21. 4. 1770).

* Am 11. April 1770 nachmittags gehen die beiden „nach St: Peter in die Capellen Sixti... das Miserere in der Metten zu hören“, das Wolfgang dann nach dem Gehör aufschreibt. Bei der „Tafel der Kardinäle“ am 12. April macht sich Wolfgang mit Kardinal Lazaro Opizio Pallavicini bekannt. Am 16. April geben sie die 20 Empfehlungsschreiben ab und am 19. April sind sie bei dem neapolitanischen Prinzen St. Angelo eingeladen. Am 20. April spielt Wolfgang auf einem Gesellschaftsabend, den der Fürst Sigismondo Chigi veranstaltet.

Bauer–Deutsch Nr. 176 und 177 (14. und 21. 4. 1770).

Zu Seite 108–109:

22. April 1770: Der Brief Pietro Lugiatis an Maria Anna Mozart ist bei Bauer–Deutsch unter Nr. 178 abgedruckt.

Zu Seite 109:

25., 28., 29. und 30. April 1770: In der Anmerkung sind folgende Vornamen zu ergänzen: Cornelia zu „Fürstin Barberini-Colonna“ (Zeile 1); Francisco Javier zu „Padre Vasquez“ (letzte Zeile).

Zu Seite 110:

9. Mai 1770, Anmerkung: „la Monica“ ist Monica Prenner; Graf Kraft Ernst zu Oettingen-Wallerstein bemühte sich während seines Aufenthalts in Rom mit Erfolg darum, eine noch ausstehende Forderung aus verkauften Gemälden für Monica Prenner einzutreiben. Diese war die Schwester des Malers Georg Caspar Prenner (1708 bis 1766), Erbin des Gasthofs „Zum schwarzen Ochsen“ in Wallerstein und verheiratet mit dem Wallersteiner Hofmaler Anton Wintergerst. (Fürstlich Oettingen-Wallerstein'sche Bibliothek und Kunstsammlung Schloß Harburg, Mitteilung vom 18. 9. 1964)

Zu Seite 111:

18. Mai 1770: Ob Leopold und Wolfgang an diesem Tag von Tanucci zu einer Unterredung empfangen worden sind, steht dahin; im Brief Leopolds vom 19. 5. 1770 (Bauer–Deutsch Nr. 184) heißt es lediglich, sie seien am Vortag „nach Portici gefahren um dem Minister aufzuwarten“. Nissen fügt bei der Wiedergabe dieser Briefstelle ein „vergebens“ ein (S. 202).

Am 21. Mai 1770 (nicht am „22. Mai“) sind sie im Theater und hören eine Opera buffa.

Bauer–Deutsch Nr. 185 (22. 5. 1770).

29. Mai 1770, Anmerkung: Vermerk in der Abrechnung des den Grafen begleitenden Hofmeisters: „Pour deux billettes distribuèes par Madama la Contesse de Kaunitz pour le concert des Mozart 60 L.“ (Elisabeth J. Luin, *Mozarts Beziehungen zum Hause Öttingen*, in: NAMb, S. 474, Anmerkung 13)

13. Juni 1770: statt „Bajae“ lies „Baiae“; 18. und 19. Juni: statt „Herculanum“ lies „Herculaneum“. (OED)

Zu Seite 112:

Am 6. Juli 1770, nicht „am gleichen Tag" (5. Juli), speisen die Mozarts bei Matthäus Dominikus Baron Saint-Odile.

Bauer–Deutsch Nr. 195 (4. 7. 1770).

Zu Seite 113:

Am 10. Juli 1770 abends um 6 Uhr verlassen Vater und Sohn Mozart Rom, reisen die Nacht durch und kommen am nächsten Tag um 5 Uhr früh in Civita Castellana an; nach kurzer Rast bis 10 Uhr hören sie eine Messe im Dom; nach derselben spielt Wolfgang die Orgel. Gegen $^1/_2$ 5 Uhr am Nachmittag des 11. Juli reisen sie weiter.

Bauer–Deutsch Nr. 199 (21. 7. 1770).

In Bologna, wo sie am 20. Juli 1770 morgens um 8 Uhr ankommen, logieren sie im Albergo S. Marco.

Bauer–Deutsch Nr. 172 (24.–29. 3. 1770).

30. August 1770, Zeile 1: statt „seing" lies „seeing". (OED)

Zu Seite 114:

Am 4. Oktober 1770 wird in S. Petronio der Namenspatron der Kathedrale gefeiert, mit einem Konzert der Bologneser Musiker. Wolfgang wirkt dabei nicht mit.

Bauer–Deutsch Nr. 213, 6. 10. 1770.

9. Oktober 1770, letzter Absatz des Protokolls: statt „d'un ora esso" lies „d'un' ora ha esso" (Zeile 1); statt „e stato" lies „è stato" (Zeile 2). (OED)

Anmerkung, Zeile 3: Zur Antiphon *„Quaerite primum regnum Dei"* KV 86 (73^v) vgl. Hellmut Federhofer, in: KB zu NMA I/3, S. 39 ff.; Manfred Hermann Schmid, *Mozart und die Salzburger Tradition* (= *Münchner Veröffentlichungen zur Musikgeschichte*, Band 24), Tutzing 1976, S. 179 bis 183. (Hinweis Walter Senn, Innsbruck)

Zu Seite 116:

26. Dezember 1770, Anmerkung, Zeile 3: nach „Oper" ist „wurde" einzufügen. (Deutsch I S. 63)

Zu Seite 117:

26. Dezember 1770, Zeile 1: statt „Benedettn" recte „Benedetti". — Zeile 3: statt „Gasparo" recte „Gaspare". (OED)

Anmerkung, Zeile 4–5: Zu den Brüdern Bernardino, Fabrizio und Giovanni Antonio Galliari vgl. Luigi Ferdinando Tagliavini, in: NMA II/5/4, S. X, Anmerkung 17.

Zu Seite 117–118:

5. Januar 1771, Anmerkung: Der Brief Leopold Mozarts vom 2. Januar 1771 (Bauer–Deutsch Nr. 226) an Padre Martini enthält keine Mitteilung oder Andeutung der am 5. Januar erfolgten Ernennung Wolfgangs zum Ehrenkapellmeister; die 2. Zeile der Anmerkung ist demnach zu streichen.

In Venedig, wo sie am 11. Februar 1771 früh morgens ankommen, finden Leopold und Wolfgang Quartier bei der Familie Ceseletti im Pfarrsprengel S. Fantino beim Ponte dei Barcaroli.

MIt, S. 138 und Tafel XXVIII.

* Bereits am Ankunftstag (11. Februar 1771) gehen sie mit dem Ehepaar Wider in die Oper. Am Faschingsdienstag (12. Februar) speisen sie mittags bei Wider, gehen anschließend wieder in die Oper, verbringen den Abend bei Wider und gehen nachts um 11 Uhr in die Redoute. In der Oper hören sie *Siroe* von Giovanni Battista Borghi, möglicherweise *Le contadine furlane* von A. Boroni. Sie begegnen der Sängerin Anna Lucia de Amicis, die im Teatro S. Benedetto auftritt.

Bauer–Deutsch Nr. 231 (13. 2. 1771); Nr. 232 (20. 2. 1771). MIt, S. 141.

Zu Seite 119:

Am 21. Februar 1771 speisen Leopold und Wolfgang bei einem Mitglied der Familie Cornaro (Corner), am 24. Februar bei dem Patriarchen Giovanni Bragadino, am 25. Februar bei Giovanni Andrea Dolfin, in den darauffolgenden Tagen bei mehreren venezianischen Adeligen.

Bauer–Deutsch Nr. 232 (20. 2. 1771).

Der Kaiserliche Gesandte in Venedig, bei dem sie am 3. März 1771 speisen, heißt Giacomo (nicht „Jacobo") Durazzo.

MGG III, Sp. 993.

Am 12. März 1771 verlassen die beiden Mozart Venedig und fahren in Begleitung der Familie Wider auf der Brenta nach Padua, wo sie am gleichen Tage ankommen und den 13. März verbringen. Sie besuchen die Maestri Francesco Antonio Vallotti und Giovanni Ferrandini.

Bauer–Deutsch Nr. 236 (14./18. 3. 1771).

Zu Seite 120:

15. März 1771: In der Nachschrift („P. S.") ist statt „tat" (wahrscheinlich) „fast" zu lesen.

Der Brief Johannes Widers an Maria Anna Mozart ist bei Bauer–Deutsch unter Nr. 237 abgedruckt.

Zu Seite 121:

19. Juli 1771: Der Brief Leopold Mozarts an Giovanni Luca Pallavicini (Bauer–Deutsch Nr. 239) enthält außer Mitteilungen über den Opernauftrag für Mailand (*Ascanio in Alba*) auch solche über den Auftrag, für Padua ein Oratorium zu schreiben.

13. August 1771: Der Reiseweg von Salzburg führt, wie bei der ersten Italienreise, über Kaitl (nicht „Kaltern"). (Siehe 13. Dezember 1769)

Zu Seite 122:

Am 23. August 1771 sind sie zu Gast bei dem Haushofmeister Ferdinando Germani, und zwar in Gesellschaft des kaiserlichen „Kammerfuriers Johann Georg Zinner".

Bauer–Deutsch Nr. 242 (24. 8. 1771). – Das Textbuch zu *Ascanio in Alba* erhielt Wolfgang nicht vor dem 29. August 1771. Nachdem er kaum mit der Komposition begonnen hatte, forderte der Textdichter Giuseppe Parini es zurück, um einige Änderungen vorzunehmen, und behielt es bis etwa um den 5. September. (Luigi Ferdinando Tagliavini, in: NMA II/5/5, S. VIII) – Burney erwähnt „Venanzio Rauzzini" in seinen Notizen vom August 1772 (nicht „1771"). (OED)

16. Oktober 1771: Das „ein so andre höchste willens-Meynung" (Zeile 3 des „Decretum") bezieht sich darauf, daß in dieser Akte noch von zwei anderen Gehaltseinstellungen die Rede ist. (Mitteilung Salzburger Landesarchiv vom 17. 9. 1964)

17. Oktober 1771, Anmerkung: Wolfgang schrieb auch die Ballettmusik zu *Ascanio in Alba* (Bauer–Deutsch Nr. 244, 7. 9. 1771), der Satzteil „das Ballett von Jean Georges Noverre, der aus Wien kam" in Zeile 5 ist daher zu streichen. (OED) – Zeile 6: statt „Girelli-Auguilar" lies „Girelli-Aguilar". (Dok S. 605)

Zu Seite 123:

Am 22. (23.?) November 1771 machen die Mozarts „eine starke Musik bey H: von Mayer".

Bauer–Deutsch Nr. 257 (24. oder 23. 11. 1771). – Der „H: von Mayer" ist Albert Michael (von) Mayr, der jüngere Sohn jenes Wiener Hofzahlmeisters Johann Adam (von) Mayr, der sie im Oktober 1762 in Wien in ihrem Quartier aufgesucht hatte.

Zu Seite 124:

12. Dezember 1771, Zeile 1: statt „salzburgois" lies „Saltzburger". (Hinweis Gerhard Croll, Salzburg)

Anmerkung: Vgl. Faksimile in: MIt, Tafel XXXI, und in: Katalog der Ausstellung *Mozart in Italien* 1972 (Karl Arnold), Abbildung 15; Textübertragung in: *Maria Theresia. Briefe und Aktenstücke in Auswahl,* hg. von Friedrich Walter, Darmstadt 1968, S. 303 (Nr. 264). – Statt „92" lies „93 f." (Mitteilung Gerhard Croll, Salzburg)

Am 13. Dezember 1771 morgens reisen die Mozarts von Brixen ab und treffen am gleichen Tag (nicht „am 14. Dezember") abends in Innsbruck ein.

Zu Seite 124–125:

28. Dezember 1771 („Leopold Mozarts Gesuch"), Zeile 12: „28 fl. 30 xr.": so auch im Text von Bauer–Deutsch Nr. 261 und im Autograph; richtig aber „29 fl. 30 xr.", wie aus der in Zeile 21 angegebenen Summe („59 fl.") des „aus 2 Monaten bestehenden Abzug[s]" ersichtlich.

Anmerkung, Zeile 3–4: Domdechant war Ferdinand Christoph Erbtruchseß Graf Zeil. (OED)

1771 („Begleitbrief"), Absatz 2, Zeile 4: statt „bewogten" lies „bewogen". (OED)

Zu Seite 126:

7. Februar 1772: Der vollständige Text von Leopold Mozarts Brief an J. G. I. Breitkopf (nicht „Breitkopf & Sohn") ist bei Bauer–Deutsch unter Nr. 263 abgedruckt. – Anmerkung, Zeile 3: statt „London 1936" lies „London 1938". (OED)

Zu Seite 127:

1. April 1772, Anmerkung, Zeile 1: statt „Band 9, S. 481 f." lies *„Correspondance littéraire, philosophique et critique par Grimm, Diderot, Raynal, Meister etc.... Édité par Maurice Tourneux*, 16 vol., Paris 1877–1881, vol. 9, S. 481 f."

Am 26. Oktober 1772 nachmittags machen die Mozarts von Innsbruck aus einen Ausflug nach dem nahe gelegenen Hall und besuchen dort das Damenstift; Wolfgang spielt auf der Orgel der Stiftskirche. Sie kehren am selben Tag nach Innsbruck zurück.

Bauer–Deutsch Nr. 264 (28. 10. 1772).

Zu Seite 128:

Am 27. Oktober 1772 reisen die beiden Mozart von Innsbruck aus (nicht „von Hall") nach Brixen. Ihr Quartier in Mailand ist nicht „bei dem Ehepaar d'Asti", sondern „etwa 50 schritte" davon entfernt.

Bauer–Deutsch Nr. 267 (21. 11. 1772). – Die Pizzini in Rovereto und die Pizzini in Ala gehören der gleichen Familie an.

* Am 17. Dezember 1772 nachts kommt der Tenor Bassano Morgnone, der die Titelrolle im *Ascanio in Alba* singen wird, in Mailand an; Wolfgang komponiert am nächsten Tag zwei Arien für ihn.

Bauer–Deutsch Nr. 271 (18. 12. 1772).

Am 18. Dezember 1772 sprechen die Mozarts dem Grafen Firmian ihre Glückwünsche aus zur Erhebung seines Bruders Leopold Ernst, des Fürstbischofs von Passau, zum Kardinal. Aus diesem Anlaß gibt Graf Karl Firmian am 21., 22. und 23. Dezember große Gesellschaften, bei denen Wolfgang jeweils spielt; an dem letzten dieser drei Gesellschaftsabende sind auch Erzherzog Ferdinand und seine Gemahlin Maria Beatrice Ricciarda anwesend. Am 19. Dezember folgen Vater und Sohn Mozart einer Einladung des Kammerzahlmeisters des Erzherzogs, Albert Michael Mayr (siehe 22./23. 11. 1771). Den Weihnachtsabend (24. Dezember) verbringen sie beim Haushofmeister Ferdinando Germani und seiner Frau und am 26. Dezember speisen sie mittags bei Frau d'Asti.

Bauer–Deutsch Nr. 271 (18. 12. 1772); Nr. 272 (26. 12. 1772).

26. Dezember 1772, Anmerkung, Zeile 4–5: Der Beginn der Premiere des *Lucio Silla* verzögert sich, weil der Erzherzog noch mehrere Briefe zu schreiben hat; die Aufführung dauert daher bis 2 Uhr nachts. (Bauer–Deutsch Nr. 275, 2. 1. 1773).

Zu Seite 129:

2. Januar 1773, Anmerkung: Nicht der Erzbischof Hieronymus war um Neujahr 1773 in Wien erkrankt, sondern sein Vater Rudolph Joseph. Der „Colloredo" in Naumanns Notiz kann also nur letzterer sein.

Am 30. Januar 1773 wohnen beide Mozarts der Premiere von Giovanni Paisiellos *Sismano nel Mongol* (nicht *„Mogole"*) bei. Leopold hatte den Aufenthalt in Mailand – unter Vorspiegelung seiner Erkrankung in den Briefen nach Salzburg – verlängert, weil er das Ergebnis seiner, von Graf Firmian unterstützten Bemühungen um Anstellung Wolfgangs bei Großherzog Leopold von Toscana abwarten wollte. Am 27. Februar 1773 muß er seiner Frau mitteilen: „wegen der bewusten Sache ist gar nichts zu machen".

Bauer–Deutsch Nr. 282 und 287 (30. 1. und 27. 2. 1773).

Zu Seite 130:

13. März 1773, Anmerkung: Im Spätherbst 1773 (nicht „bald nach der Heimkehr" von der 3. Italienreise) bezieht die Familie Mozart die acht Zimmer umfassende Wohnung im „Tanzmeisterhaus" am Hannibal-Platz. (Géza Rech, *Das Salzburger Mozartbuch*, Salzburg 1964, S. 57) – Die Miete beträgt halbjährlich 45 fl.

16. Juli 1773: Quartiergeber der Mozarts in Wien ist der Kupferschmied Gottlieb Friedrich Fischer. (OED)

Am 17. Juli 1773 sind die Mozarts abends (nicht „zu Mittag") bei dem Arzt und Magnetiseur Dr. Franz Anton Mesmer, bei dem sie auch am 19. von mittags bis abends weilen. Am 20. speisen sie mittags bei ihrem ehemaligen Bedienten Porta (nicht „bei Joseph Baron von Porta").

Bauer–Deutsch Nr. 288 (21. 7. 1773). – Bei Dr. Mesmer spielt Wolfgang die Glasharmonika.

21. Juli 1773: Ob der „Herr von Mayr", bei dem sie an diesem Tag nachmittags eingeladen sind und den sie bei Porta kennengelernt haben, der Hofzahlmeister Johann Adam Mayr ist, ist fraglich.

* Am 21. Juli 1773 schickt Leopold Mozart „den Anfang der Final Musik", der von Judas Thaddäus von Antretter bestellten und von Wolfgang in jenen Tagen komponierten Serenade in D KV 185 (167[a]) nach Salzburg. Dort wird sie, samt dem Marsch KV 189 (167[b]), Anfang September unter der Leitung von Joseph Nikolaus Meißner aufgeführt.

Bauer–Deutsch Nr. 288 und 289 (21. 7. und 12. 8. 1773).

31. Juli/2. August 1773: Zur Ankunft des Erzbischofs Hieronymus in Wien und dessen Aufnahme in Laxenburg vgl. „Tagebuch des Fürsten Johann Joseph Khevenhüller-Metsch" 1770 bis 1773, S. 178. (Hinweis Gerhard Croll, Salzburg)

Zu Seite 131:

Am 12. August 1773 (nicht „am 11. August") kehrt Erzbischof Hieronymus nach Wien zurück. Am gleichen Tag empfängt er die Mozarts in Audienz und verlängert ihren Urlaub. Nach einem Aufenthalt in Sierndorf bei seinem Vater reist der Erzbischof am 17. August nach Salzburg zurück.

Bauer–Deutsch Nr. 289 und 290 (12. und 14. 8. 1773).

Am 27. August 1773 sind die Mozarts bei Aeodat Joseph Philippe (nicht „Philipp") du Beyne de Malechamp eingeladen.

Bauer–Deutsch Nr. 293 (28. 8. 1773).

Am 6. September 1773 (nicht „am 5. September") begrüßen Vater und Sohn Mozart den Salzburger Landschaftsphysikus (nicht „Stadtapotheker") Dr. Franz Joseph Niderl von Aichegg, den sie bereits tags zuvor erwartet hatten und der zu einer Operation nach Wien kommt. Niderl stirbt nach der Operation am 10. (nicht „am 9.") September; der Tote wird von der Malerin Rosa Hagenauer-Barducci porträtiert und am 11. abends beerdigt.

Bauer–Deutsch Nr. 295 und 296 (8. und 11. 9. 1773).

* Am 18. September 1773 komponiert Wolfgang „an etwaș ganz Eyferig".

Bauer-Deutsch Nr. 298 (18. 9. 1773). – Es wird vermutet, daß es sich dabei um Teile der *Thamos*-Musik KV 345 (336[a]) handelt, möglicherweise aber auch um eines der Streichquartette aus der Serie KV 168–173.

Zu Seite 132:

Die Anmerkungen zu den beiden Burney-Zitaten von 1773 sind wie folgt zu berichtigen (OED): In der ersten Anmerkung ist die erste Jahreszahl in Zeile 2 von „1771" in „1772" zu korrigieren, und der folgende Hinweis „23. (30.) August 1771" lautet richtig „23. (29.) August 1771". – In der zweiten Anmerkung ist in Zeile 1 „(2. Auflage)" zu ersetzen durch „(1775)".

Zu Seite 133:

24. März 1774: Der „Ostermontag" war der 4. April, wie aus der nächsten Notiz (13. 4. 1774) hervorgeht. (Hinweis Gerhard Croll, Salzburg)

13. April 1774, Anmerkung: Das (in Zeile 1 des Textes erwähnte) „teutsche Schauspielhaus" ist das Kärntnertortheater. Das „Ballet von Hrn. Angiolini" (Zeile 2 des Textes) war *Le roi et son fermier*. Im Burgtheater wurde am gleichen Tag Angiolinis Ballett *L'orphelin de la Chine* aufgeführt, anschließend die Opera buffa *L'isola di Alcina* von Giuseppe Gazzaniga. Die Aufführung von Geblers *Thamos* im Kärntnertortheater fand zur Wiedereröffnung nach der Fasten/Karwoche statt. Vgl. hierzu „Tagebuch des Fürsten Johann Joseph Khevenhüller-Metsch" 1774 ff., S. 15 (ohne Nennung Mozarts). (Mitteilung Gerhard Croll, Salzburg)

Zu Seite 134:

9. Mai 1774, Anmerkung: Die Aufführungen, insbesondere des *Thamos*, fanden tatsächlich, wie Otto Erich Deutsch vermutete, in Laxenburg statt. Dies wird durch eine Eintragung (Bericht über die dortige *Thamos*-Aufführung am 4. Mai 1774) in Khevenhüllers „Tagebuch" bestätigt. (Mitteilung Gerhard Croll, Salzburg)

6. Dezember 1774, Anmerkung: Zur Reise Leopold und Wolfgang Mozarts nach München anläßlich der Uraufführung der Oper *La finta giardiniera* vgl. Robert Münster, *Mozarts Münchener Aufenthalt 1774/75 und die Opera buffa „La finta giardiniera"*, in: Acta Moz 22 (1975), Heft 2, S. 21–33, S. 35–37; ferner das von der Bayerischen Staatsbibliothek München zu der Ausstellung anläßlich des 200. Jahrestages der Premiere herausgegebene (von Robert Münster verfaßte) Faltblatt.

6. Dezember 1774 (Schiedenhofen): vgl. Joseph Heinz Eibl, *Die Familie Schiedenhofen zu Stumm und Triebenbach*, in: MM 20 (1972), Heft 1/2, S. 1–4.

* Am 29. Dezember 1774 besucht Wolfgang eine Aufführung des Lustspiels *Die Haushaltung nach der Mode, oder: Was soll man für eine Frau nehmen* von Franz von Heufeld im Salvatortheater.

Bauer–Deutsch Nr. 308 (30. 12. 1774).

* Am 30. Dezember 1774 sprechen Leopold und Wolfgang beim kaiserlichen Gesandten in München, Adam Franz Graf Hartig, vor, um ihm ihre Glückwünsche zum Neujahrsfest auszusprechen.

Bauer–Deutsch Nr. 308 (30. 12. 1774).

Zu Seite 135:

Neujahr 1775, Anmerkung: Zur Sakramentslitanei Leopold Mozarts, die er (samt der Litanei Wolfgangs) am 14. Dezember 1774 in Salzburg angefordert hatte, vgl. Walter Senn, in: NMA X/28/Abt. 3–5, S. VII ff., und ders., *Das wiederaufgefundene Autograph der Sakramentslitanei in D von Leopold Mozart*, in: MJb 1971/72, S. 197–216.

3. und 4. Januar 1775: Die „Robiniggischen" in Schiedenhofens Tagebuch-Notiz sind Maria Viktoria Robinig von Rottenfeld und ihre Tochter Luise, die mit dem Fuhrunternehmer Franz Xaver Gschwendtner nach München reisen und „beim Stürzer" (nicht „Starzer") wohnen.

Ebendort, im Gasthof „Zum goldenen Hirschen", speisen Leopold und Wolfgang am 4. Januar als Gäste des Salzburger Hofrats Joseph Ernst von Gilowsky. Nannerl Mozart kommt am 4. Januar um 2 Uhr nachmittags in München an und wird bei der Witwe des Hofkammerrats Franz Xaver Durst am Marienplatz einquartiert. (Bauer—Deutsch Nr. 306 und 309, 28. 12. 1774 und 5. 1. 1775)

10. Januar 1775: Die „maskierte Akademie", die die drei Mozarts an diesem Tag besuchen, findet im Redoutensaal an der Prannerstraße statt.

Bauer—Deutsch Nr. 310 (11. 1. 1775). — Robert Münster, a. a. O. (Faltblatt)

13. Januar 1775: Die Premiere der *Finta giardiniera* findet nicht, wie bisher angenommen, im Redoutensaal an der Prannerstraße statt, sondern im Salvatortheater, die zweite Aufführung am 2. Februar (nicht „Ende Februar") im Redoutensaal und die dritte am 2. März (nicht „3. März") wieder im Salvatortheater.

Robert Münster, a. a. O. (Faltblatt). Zur Frage des Textbuches und Textdichters vgl. Rudolph Angermüller, *Wer war der Librettist von „La Finta giardiniera"?* in: MJb 1976/77 (in Vorbereitung) und NMA II/5/8, Vorwort zu Teilband 1. — Theresa Manservisi soll die Arminda gesungen haben (nicht die Serpetta). (Michtner, S. 390 Anmerkung 47) — Dirigiert hat die Uraufführung wahrscheinlich der Vizekonzertmeister Johann Nepomuk Cröner. (Robert Münster, a. a. O., Faltblatt) — Bei der zweiten Aufführung, bei der außer dem bayerischen Kurfürsten Max III. Joseph auch der Kurfürst Karl Theodor von der Pfalz anwesend war, wurde die Oper wegen der Erkrankung einer Sängerin gekürzt. (Bauer—Deutsch Nr. 314, zwischen 21. 1. und 21. 2. 1775) — Zur deutschen Übersetzung der *Finta giardiniera* vgl. Karl Maria Pisarowitz, *Die beiden Stierle, Hans und Franz!*, in: MM 17 (1969), Heft 1/2, S. 16—24; ders., *Stierle-Paralipomena*, in: MM 18 (1970), Heft 1/2, S. 11—14.

Zu Seite 136:

Am 21. Januar 1775 (nicht „am 22. Januar") findet die große musikalische Akademie zu Ehren des nach München gekommenen Erzbischofs Hieronymus im Kaisersaal der Residenz statt. Der Erzbischof weilt vom 16. bis zum 24. Januar in München. — Am Vormittag des 21. Januar besichtigt Nannerl Mozart in Begleitung ihrer Freundin Maria Caecilia Eberlin das Schloß Nymphenburg und am Nachmittag zusammen mit dem Vater die Residenz.

Bauer—Deutsch Nr. 312 (18. 1. 1775); Nr. 313 (21. 1. 1775). Robert Münster, a. a. O. (Faltblatt)

Die am 12. Februar 1775 in der Hofkapelle der Residenz unter Leitung Leopold Mozarts aufgeführte „kleine Messe" ist KV 192 (186^f) oder KV 194 (186^h). Eine derselben wird am 19. Februar, wieder in der Hofkapelle, gesungen.

Am 14. Februar 1775 besuchen die Mozarts eine Redoute im Kiehmgarten.

Bauer—Deutsch Nr. 316 (15. 2. 1775).

14. Februar 1775 (Gebler): Der in Zeile 1 genannte „Magister Sattler" ist Johann Tobias Sattler († 19. 12. 1774 in Wien). (KV^6 S. 353)

Zu Seite 137:

22. April 1775, Anmerkung: statt „Loes" lies „Loës" (wie S. 143). (OED) — Die „Serenada" (Zeile 1 des Schiedenhofen-Textes) war wohl Domenico Fischiettis *Gli orti Esperidi* (Text von Pietro Metastasio). Vgl. Ernst Hintermaier, *Domenico Fischietti und W. A. Mozart*, in: ÖMZ 29 (1974), Heft 1, S. 25—28; Katalog der Bibliotheks-Ausstellung in Mozarts Geburtshaus (Rudolph Angermüller) vom 27. 1. bis 10. 2. 1974, S. 35, Nr. 89. (Hinweis Gerhard Croll, Salzburg)

23. April 1775, Anmerkung: Das „Reise-Journal des Erzherzogs Maximilian" Franz wurde von Johann Franz Graf Hardegg geführt (nicht von „Graf Franz Xaver Rosenberg"). Der Erzherzog befand sich nicht auf der Rückreise von Paris, sondern auf einer Reise nach Italien, die er am 20. April von Wien aus angetreten hatte und auf der ihn Graf Hardegg begleitete. (Max Braubach, *Maria Theresias jüngster Sohn Max Franz,* Wien–München 1961, S. 33)

Zu Seite 139:

30. Juli 1775: Der Vermerk ist auf S. 141 zu übertragen: Nannerl ist 1751 geboren; ihren 25. Geburtstag feierte sie also 1776 (nicht „1775"), vier Tage vorher auch ihren Namenstag.

Zu KV 251 vgl. Carl Bär, *Zum „Nannerl Septett" KV 251,* in: Acta Moz 9 (1962), Heft 2, S. 24–30; ferner Albert Dunning, in: NMA VII/18, S. XI–XII.

* Aus Schiedenhofens Tagebuch, 25. Juli 1775

Abends in die Accademie im Rathaus Saal, wo sich der Berühmte Geyger Sigre Lolli hören ließe. S: H: G: und vielle von der Noblesse waren dabey gegenwärtig.

Deutsch III S. 19. – „S: H: G:": Seine Hochfürstliche Gnaden, der Erzbischof. – Auch Nannerl Mozart notiert in ihrem Tagebuch ein Konzert des Geigers Antonio Lolli, allerdings an einem anderen Tag: „den 29ten ist ein concert im RathHaus Saal geweste, eine Sängerin und ein geiger haben sich hören lassen"; zu „geiger" vermerkt Wolfgang: „erschröcklicher esel!" Ob das von Nannerl erwähnte Konzert tatsächlich im Mai stattgefunden hat (so Bauer–Deutsch Nr. 319), ist eine auf Indizien gestützte Vermutung; auf dem betreffenden Blatt ist weder Monat noch Jahr angegeben. Es könnte sich sehr wohl um ein und dasselbe Konzert handeln, wobei eine der Eintragungen versehentlich falsch datiert wurde. – Die Mozarts haben Lolli 1768 in Wien gehört. Leopold und Wolfgang begegneten ihm im August 1771 zwischen Rovereto und Verona.

9. und 23. August 1775, Anmerkungen: Möglicherweise ist an diesen Tagen (oder einem derselben) die Sinfonie-Fassung der Serenade in D KV 204 (213ª) aufgeführt worden. (Günter Haußwald, in: NMA IV/11/7, S. VIII)

9. August 1775, Anmerkung, Zeile 1: tilge Fragezeichen nach „1775". Die Serenade KV 204 (213ª) ist tatsächlich mit 5. August 1775 datiert. (Hinweis Walter Senn, Innsbruck) – Zeile 7: ergänze bzw. berichtige: „(Siehe 5. und 8. August 1769, 31. Juli und 1. August 1773 und die nächste Eintragung)". (Dok S. 605)

23. August 1775, Anmerkung, Zeile 1: Der Vorname des Leibarztes des Erzbischofs (Barisani) ist Silvester (nicht „Sylvester"). (Dok S. 605) – Zeile 2: statt „Johann Baptist" lies „Johann Baptist Anton". (Dok S. 605)

Zu Seite 140:

7. April 1776, Anmerkung: Daß an diesem Tag die Missa longa KV 262 (246ª) aufgeführt wurde, ist unwahrscheinlich. Der Erzbischof wünschte, wenn er zelebrierte, regelmäßig kurze, feierliche Messekompositionen. Das „Amt . . . vom jungen Mozart" war also eher KV 220 (196ᵇ) oder eine der Messen KV 257, 258 oder 259. (Walter Senn, in: NMA I/1Abt. 1/2, S. XIV)

23. Mai 1776: Zu Nannerls Tagebuch-Eintragung („den 23 ten ist in mirabell die litanie von meinen brudern gemacht worden"; Bauer–Deutsch Nr. 321): Daß an diesem Tag die (am 31. März 1776 im Dom aufgeführte) Litanei KV 243 in Mirabell wiederholt wurde, ist unwahrscheinlich. Am 23. Mai ist aller Wahrscheinlichkeit nach die den Verhältnissen „in dieser kleinen Hofkapelle mit ihrem räumlich beschränkten Chor" eher angemessene Litanei KV 109 (74ᵉ) gesungen worden (Hellmut und Renate Federhofer, in: NMA I/2/1, S. IX)

Zu Seite 141:

21. Juli 1776, Anmerkung, letzte Zeile: Elisabeth Späth, geb. Haffner (* 24. 10. 1753), die Frau des Faktors Franz Xaver Späth, starb nicht „1784“, sondern am 1. November 1781. (Bauer–Deutsch Nr. 640, 10. 11. 1781; Franz Martin, *Hundert Salzburger Familien*, Salzburg 1946, S. 60)

* Aus Schiedenhofens Tagebuch, 19. August 1776

Zu Mittag speiste Herr v Grembs bey Dr. Steger. Nachmittags gienge ich mit selben und meiner Schwester zu Mozart, wo wir eben einen pollnischen Kaufmann Lascowiz mit seiner Frau und 2 Schwestern antrafen, in deren Gesellschaft wir dann das Theater, mirabell Gebau und Garten besahen.

Deutsch III S. 21. – Schiedenhofens Schwester ist (die u. a. in Wolfgangs Brief vom 5. Juni 1770, Bauer–Deutsch Nr. 189, genannte) Maria Anna Aloisia (Louise) von Schiedenhofen.

* Aus Schiedenhofens Tagebuch, 28. September 1776

Abends zum Mozartischen, wo ich den Leutenant Gilowski und Pfleger zu St: Ilgen antrafe.

Deutsch III S. 21. – „Leutenant Gilowski“: Johann Nepomuk Gilowsky (* 1751). – Der Pfleger zu St. Gilgen (nicht „St. Ilgen“) ist Nannerl Mozarts späterer Gatte, Johann Baptist von Berchtold zu Sonnenburg (siehe 23. August 1784); die Mozarts kannten ihn also mindestens seit 1776.

13. Dezember 1776: Prokop Adalbert Graf Czernin, der am 29. Juli 1775 mit seiner Gattin in Salzburg war, was Nannerl Mozart in ihrem Tagebuch vermerkt (Bauer–Deutsch Nr. 319), starb am 31. Januar 1777. Schiedenhofen notiert hierzu unter dem 2. Februar 1777: „Eben heunt auf der Redute erfuhr ich, daß der alte Graf Czernin gestorben seie, dieser Todfall hat also dem jungen Grafen und der Gräfin Lizzau den Fasching und den großen Contredanse verdorben.“ (Deutsch III S. 22) – In seinem Brief vom 19. Dezember 1780 (Bauer–Deutsch Nr. 565) bemerkt Wolfgang: „was mir freude machte, wäre, wenn ich so ein Paar Cavallier haben könnte wie der alte Czernin – das wäre so eine kleine hülfe Jährlich – aber weniger als 100 fl: das Jahr nicht. – es möchte dann art Musick seyn was wolle.“

Zu Seite 142:

18. Dezember 1776: Der Entwurf des Briefes Padre Martinis ist bei Bauer–Deutsch unter Nr. 325 abgedruckt, Mozarts (sicher von Leopold formulierter) Brief vom 4. September 1776 unter Nr. 323.

1. Februar 1777, Zeile 5: statt „Robing“ lies „Robinig“. (Dok S. 605)

Zu Seite 143:

8. Mai 1777, Anmerkung: Die Identität des hier und auch in weiteren Tagebuch-Eintragungen Schiedenhofens sowie im Briefwechsel der Mozartschen Familie ohne Vornamen genannten „Kolb“ ist bis jetzt ungeklärt. Es ist wahrscheinlich einer der Söhne des Handelsfaktors Johann Anton Kolb († 30. 3. 1785, 79 Jahre alt) und seiner Ehefrau Maria Ursula, geb. Mayr von Mayrn (1715 bis 1796): Andrä (Johann Andreas Antonius Vitus, * 16. 6. 1745, † 26. 8. 1819) oder Joachim (Zacharias Joachim Franz de Paula, * 23. 8. 1752, † 2. 4. 1817).

* Aus Schiedenhofens Tagebuch, 31. Mai 1777

In die Accademie auf das Rathaus, wo sich Zygmuntowski ein Pollnischer Knabe von 6½ Jahren auf den Violonzell als Virtuos hören liesse. Sein Grosse und Gesichtszüge zeigten, das er nicht älter seye. Im übrigen aber ware das Tempo, der Gusto, die Geschwindigkeit, der Ausdruck alles so bewunderungswürdig, das ein Mann ihn nicht viel übertreffen würde.

Deutsch III S. 22. – Diese Akademie hat wahrscheinlich auch Mozart besucht. Er trifft den jungen Cellisten 1778 in Paris bei der Duchesse de Chabot. (Bauer–Deutsch Nr. 447, 1. 5. 1778)

4. Juni 1777, Anmerkung: zu Joseph Benedikt von Loës siehe 22. April 1775.

13. Juni 1777, Anmerkung: Zur Frage, daß die „zweite *Lodronische Nachtmusik*" höchstwahrscheinlich identisch ist mit dem Divertimento in B KV 287 (271^{b}; KV^{6}: 271 H) und daß das Fragment eines Divertimento-Satzes in F KV 288 (271^{h}; KV^{6}: 246^{c}) nichts mit ihr zu tun haben kann, vgl. Albert Dunning in: NMA VII/18, S. XIII und XVI.

Zu Seite 144:

25. Juli 1777, Anmerkung, Zeile 1–2: statt „Gusetti" lies „Gussetti", statt „Siegmund Haffnergasse" lies „Siegmund Haffnergasse". (OED) – Zeile 2: Die „Sinfonia" war vermutlich eine Ouvertüre. (OED) – Zeile 4–5: Nach KV^{6} (S. 295) war das „Flaute traverse Concert" KV 313 (285^{c}), das dann allerdings nicht erst im Januar oder Februar 1778 in Mannheim entstanden sein könnte. – Zeile 5: Johann Thomas Cassel (nicht wie im Text „Castel") spielte außer Kontrabaß und Flöte auch Geige. (OED)

„H v Moll": Hofrat Ludwig Gottfried von Moll. – „beyde v Molck": der (in Zeile 6 des Schiedenhofen-Textes genannte) Konsistorialrat Albert von Mölk und dessen Bruder, der Hofrat Franz von Mölk. – „Agliardi Carl" und (der in Zeile 8 des Schiedenhofen-Textes genannte) „Felix Agliardi" waren Brüder. – „Edlenbach": Benedikt Schloßgängl von Edelbach (Edlenbach). – „B. v Pappius": Hofrat Georg Freiherr von Bapius (Pappius). – Der Gasthof „Zum schwarzen Elefanten" des Anton Kerschbaumer in der Pfarrgasse (Siegmund Haffnergasse 4) hieß auch „Zum Sauerwein" nach dem ersten Besitzer Michael Sauerwein. – „Frln. v. Daubrawaick und Frau": Maria Anna Klara Daubrawa von Daubrawaick, die 1778 Schiedenhofen heiratete, und ihre Mutter Anna Magdalena, geb. Ferstl, die Frau des Münzmeisters Virgil Christoph Daubrawa von Daubrawaick. – Bei Barisani gab es drei Annen: außer der von Schiedenhofen genannten „Nannerl" (Maria Anna Constantia) deren Schwester Maria Anna Theresia und ihre Mutter Maria Anna Theresia, geb. Agliardi. Felix Agliardis Frau hieß ebenfalls Maria Anna. – „Fr. v. Mayern": Maria Anna Mayr von Mayrn, geb. Muttergleich von Gleichmuth. (Franz Martin, *Hundert Salzburger Familien*, Salzburg 1946, S. 239–240)

Zu Seite 145—146:

August 1777: Mozarts Gesuch ist bei Bauer–Deutsch unter Nr. 328 abgedruckt. – Joseph II. war auf der Rückreise von Paris am 31. Juli 1777 kurz in Salzburg. – „uti à latere": wie auf der anderen Seite des halbbrüchigen Aktenstücks. – Das „bey beschechender weiter begebung" soll wohl so viel heißen wie „bei tatsächlich erfolgter Abreise" bzw. „nach geschehenem Dienstaustritt" von Vater und Sohn. (Salzburger Landesarchiv, Mitteilung vom 17. 9. 1964)

* Ex Decreto Cels^{mi} Prinicpis 26 Sept: 1777

Dem Supplicanten zu bedeuten, wie S^{e}: Hochf: Gnaden anforderst unter Höchstdero Music Personali gute Einverständniß verlangten. Höchstdieselben wollten dahero in gnädigster zuversicht, daß er sich mit dem Kapellmeister und andern bey der Hofmusik angestellten Personen ruhig und friedlich betragen werde, ihn bey vorigen Diensten belassen, und dabey gnädigst auftragen, die Kürche so wohl als Höchstdero Person gut zu bedienen sich befleissigen solle.

Bauer–Deutsch Nr. 337 (28. 9. 1777). – Dieser Auszug aus dem erzbischöflichen Dekret, durch das Leopold Mozart bei vorigen Diensten belassen wurde, wurde ihm zugestellt.

Zu Seite 147:

23. September 1777: Die Reise Mozarts und seiner Mutter führt über München und Mannheim – an beiden Orten versucht er vergeblich, bei Hof „anzukommen" – nach Paris.

Daß die Reise bis Paris führen sollte, war – wenigstens von Leopold Mozart – nicht von vornherein geplant.

Am 25. September 1777 um $^1/_2$11 Uhr versucht Wolfgang vergeblich, dem Grafen Joseph Anton Seeau seine Aufwartung zu machen. Am 26. September um $^1/_2$9 Uhr versucht er es zum zweiten Male; er trifft ihn dann unterwegs. Darauf begibt er sich zum Bischof von Chiemsee, Ferdinand Christoph Graf Zeil, der ihm Fürsprache bei der Kurfürstin Maria Anna Sophie zusagt. Abends besucht Wolfgang das Theater; es wird *Henriette oder Sie ist schon geheiratet* von Friedrich Wilhelm Großmann aufgeführt. Am 28. September um $^1/_2$11 Uhr spricht Wolfgang neuerdings bei Graf Seeau vor. Abends und am 29. September mittags speisen Mutter und Sohn mit dem Hofkapell-Cellisten Franz Xaver Woschitka. Wolfgang spricht auch nochmals mit dem Bischof von Chiemsee. Am 30. September präsentiert sich Wolfgang dem Kurfürsten („es ist keine vacatur da").

Bauer–Deutsch Nr. 333 und 339 (26. und 29. 9. 1777).

Am 30. September, 1. und 2. Oktober 1777 ist Wolfgang beim Intendanten der Hofoper, Joseph Graf Salern, und spielt „viell sachen von kopf, dan die 2 Casationen für die gräfin, und die finalmusick mit den Rondeau auf die lezt, auswendig".

Die „2 Casationen" für die Gräfin Antonia Lodron sind die Divertimenti in F und B KV 247 und KV 287 (271b; KV6: 271 H), die „finalmusick" ist das Divertimento in D KV 251. Das Divertimento KV 251 ist es wahrscheinlich auch, das – „Nachtmusik" genannt – am 26. September 1777 bei einer „grossen Musik" des Handelsfaktors Kolb in Salzburg aufgeführt wird. (Bauer–Deutsch Nr. 337, 28./29. 9. 1777)

* Am 1. Oktober 1777 gehen Mutter und Sohn ins Theater und hören dort das Singspiel *Das Fischermädchen* mit der Musik von Nicola Piccinni. Von der Sängerin Margarethe Kaiser ist Wolfgang sehr angetan.

Bauer–Deutsch Nr. 339 und 342 (29. 9. und 2. 10. 1777).

Am 3. Oktober 1777 um 8 Uhr früh spricht Wolfgang wiederum bei Graf Seeau vor und um 10 Uhr bei der Gräfin Salern. Nachmittags ist er mit seiner Mutter bei Frau Maria Barbara d'Hosson; Wolfgang spielt bis 8 Uhr. Um $^1/_2$10 Uhr abends wird dem Wirt Albert am Vorabend seines Namenstages „eine kleine Musique" dargebracht.

Bauer–Deutsch Nr. 342 (2./3. 10. 1777).

* Am 4. Oktober 1777 verläßt der Kurfürst mit Gemahlin und Gefolge München und begibt sich auf eine Reise durch das bayerische Oberland, die am 12. Oktober auch nach Kloster Seeon führt. Am selben 4. Oktober, dem Namenstag Alberts, findet bei diesem um $^1/_2$4 Uhr nachmittags ein Hauskonzert statt, bei dem Wolfgang mitwirkt und das bis 8 Uhr dauert.

Bauer–Deutsch Nr. 342 (2./3. 10. 1777). – Wolfgang spielt bei der Hausmusik am 4. Oktober drei Klavierkonzerte (KV 246, 238, 271) und den Klavierpart im Divertimento (Klaviertrio) in B KV 254. Schließlich spielt er noch die Violine in der „Casation aus den B" (KV 287 / 271b; KV6: 271 H). (Bauer–Deutsch Nr. 345, 6. 10. 1777)

An verschiedenen Tagen im Oktober 1777 besucht Wolfgang den kranken böhmischen Komponisten Joseph Mysliveček im Herzogspital, zuletzt mit seiner Mutter am Tage vor der Abreise von München.

Bauer–Deutsch Nr. 347 (11. 10. 1777).

Zu Seite 148:

Am 12. Oktober 1777 sucht Wolfgang in Begleitung seines Onkels Franz Alois den Augsburger Stadtpfleger auf; er lernt dessen Familie kennen und wird auch zum Speisen eingeladen. Er spielt dort auf dem Clavichord und auf der Violine. – Gignoux heißt mit Vornamen Christoph (nicht „Christian").

16. Oktober 1777: Die Nachschrift des Bäsle zu Wolfgangs Brief vom 16. 10. 1777 ist bei Bauer–Deutsch unter Nr. 351 abgedruckt.

19. Oktober 1777: Wolfgang spielt bei der Orchesterprobe auch ein Violinkonzert von Johann Baptist Vanhal.

Bauer–Deutsch Nr. 355 (23.–25. 10. 1777).

Zu Seite 150:

25. Oktober 1777: Mozarts Eintragung in das Stammbuch seiner Base ist im NAMb (S. 213) abgedruckt (ebendort auch Faksimile der Eintragung auf S. 210) sowie bei Bauer–Deutsch unter Nr. 356.

25. Oktober 1777: Der Abschiedsbesuch Wolfgangs im Kloster Heilig Kreuz in Augsburg scheint am 23. Oktober (nicht „am 25. Oktober") stattgefunden zu haben.

Zu Seite 150–151:

28. Oktober 1777, Anmerkung: vor „Müller v. Asow" ergänze „AMb 1943 S. 158 f."

Zu Seite 151:

Die Ereignisse ab 31. Oktober 1777 sind nicht mit absoluter Sicherheit zu datieren, weil die Briefe offensichtlich die Erlebnisse mehrerer Tage zusammenfassen und Wolfgang die Briefe jeweils mit dem Datum des Absendetags versieht, im Text aber regelmäßig von „heute" und „gestern" spricht. Nach OED ergibt sich folgender (gegenüber dem Text im Dokumenten-Band teilweise geänderter) Ablauf:

Am 31. Oktober 1777 besucht Wolfgang den Sohn des Hofviolinisten Johann Georg Danner, Christian, und den Kapellmeister Christian Cannabich; dann wohnt er einem Teil der Probe des Konzerts bei, das am 1. November bei Hof stattfindet. Am Sonntag, dem 2. November, hört er eine Messe von Ignaz Holzbauer, wird vom Grafen Louis Aurel Savioli, dem Hofmusik-Intendanten, empfangen und spielt bei Cannabich u. a. die sechs Klaviersonaten KV 279–284 (189^d–189^h, 205^b). In den Galatagen zum Namensfest des Kurfürsten Karl Theodor von der Pfalz, vom 4. bis 7. November, besucht er am 5. Holzbauers Oper *Günther von Schwarzburg*. Am 6. spielt er in einer Akademie bei Hof ein Konzert, eine Sonate und Improvisationen. Auch am 7., an dem er eine französische Komödie hört, ist er bei Hof. Am Sonntag, dem 9., spielt er auf der Orgel der Hofkapelle. Während der fünf Galatage zum Namenstag der Kurfürstin Marie Elisabeth Auguste, vom 19. bis zum 23. November, hört Wolfgang am 19. eine Messe von Georg Joseph Vogler und am 21. den Konzertmeister Ignaz Fränzl. Wie schon am 7. und 8. besucht er am 28. und an den folgenden Tagen im Palais Heydeck die vier natürlichen Kinder des Kurfürsten, dem er dort am 1. Dezember ein (verlorenes) Rondeau und die Fischer-Variationen (KV 179/189^a) auf dem Klavier vorspielt; am 3. ist er noch einmal dort zu Besuch. Am 5. hört er von Rosa Cannabich, der Tochter des Kapellmeisters, die für sie geschriebene Klaviersonate in C KV 309 (284^b). Am 8. ist wieder eine Akademie bei Hof, der Wolfgang beiwohnt. Am 12. oder 13. übersiedelt er mit der Mutter aus dem unwirtlichen Gasthof zum Kammerrat Serrarius. Am 18. versucht Abbé Vogler in Mozarts Gegenwart die neue Orgel in der evangelischen Kirche.

Zu Danner vgl. Karl Maria Pisarowitz, *Allerhand Neues vom vergessenen Mozart-Schüler Danner* in: MM 16 (1968), Heft 1/2, S. 7–10; ders., *Danner-Dämmerungen. Ein Miszellen-Supplement,* in: MM 16 (1968), Heft 3/4, S. 3–6. – Bei der Konzert–Probe am 31. Oktober wurde nach einem Voglerschen Psalm Händels *Messias* geprobt; ob Mozart auch die *Messias*-Probe angehört hat, ist zweifelhaft. (Bauer–Deutsch Nr. 360, 31. 10. 1777)

Der Salzburger Domorganist Kajetan Adlgasser stirbt am 21. (nicht „am 22.") und wird am 23. Dezember 1777 begraben.

Bauer–Deutsch Nr. 395 (22. 12. 1777).

* Um den 27. Dezember 1777 lernt Mozart den Dichter Christoph Martin Wieland kennen, der, aus Weimar kommend, am 21. Dezember in Mannheim angekommen war.

Bauer–Deutsch Nr. 398 (27. 12. 1777). – Wieland war der Textdichter der Oper *Rosemunde,* die Anton Schweitzer komponiert hatte und die jetzt in Mannheim einstudiert werden sollte.

Zu Seite 152:

14. Januar 1778: Bei dem Hauskonzert bei Serrarius spielen sowohl Abbé Vogler als auch Wolfgang Klavier, ersterer u. a. Wolfgangs Klavierkonzert KV 246.

Bauer–Deutsch Nr. 405 (17. 1. 1778).

* In seinem Brief vom 17. Januar 1778 (Bauer–Deutsch Nr. 405) erwähnt Wolfgang erstmals seinem Vater gegenüber die Familie Weber, insbesondere die Tochter Aloisia; er hatte die Familie sicher schon im November 1777 kennengelernt.

Vgl. Karl Maria Pisarowitz, *Die Stammischen und ihre Folgen. Ein Forschungsbericht,* in: MM 19 (1971), Heft 3/4, S. 9–12 (mit Faksimile der Taufurkunde Constanze Webers).

Die Wallersteiner Musiker Janitsch und Reicha halten sich um den 26. Januar (nicht „um den 20. Januar") 1778 in Salzburg auf. Sie geben dort ein Konzert.

Bauer–Deutsch Nr. 411 (29. 1. 1778).

Zu Seite 153:

23. Januar 1778: Im Text des Briefes Franz von Heufelds, der bei Bauer–Deutsch unter Nr. 407 abgedruckt ist, ist in der zweizeiligen Nachschrift das Wort „abkanzeln" in „abhandeln" zu korrigieren.

Zu Seite 154:

ca. 23. Januar 1778, Anmerkung: Der Brief Leopolds vom 29. 1. 1778, in dem er den Brief Joseph Mesmers zitiert, ist bei Bauer–Deutsch unter Nr. 411 abgedruckt.

23. Januar 1778: Wolfgang schildert dem Vater den Aufenthalt mit der Familie Weber in Kirchheimbolanden (so die richtige Schreibweise) und Worms im Brief vom 4. Februar 1778 (Bauer–Deutsch Nr. 416) ausführlich. In diesem Brief entwickelt er dem Vater auch den Plan einer Konzertreise mit Fridolin Weber und dessen Töchtern Josepha und Aloisia.

Zu Seite 155:

29. Januar bis 2. Februar 1778: In Worms hält sich Wolfgang mit den „Weberischen“ bei dem Dechanten des Paulus-Stifts, P. Dagobert (Joseph Benedikt) Stamm, dem Schwager Fridolin Webers, auf. (Bauer—Deutsch Nr. 416, 4. 2. 1778)

14. Februar 1778, Anmerkung: Leopolds Brief vom 29. 4. 1778, in dem er einen Teil des Padre-Martini-Briefes vom 14. Februar zitiert, ist bei Bauer—Deutsch unter Nr. 448 abgedruckt, Grimms Brief vom 21. Februar 1778 unter Nr. 427.

Zu Seite 156:

12. März 1778: Therese Pierron war nicht „Haushälterin“ bei dem Kammerrat Serrarius, sondern dessen Ziehtochter; Wolfgang nennt sie „Hausnymphe“.

13. März 1778: Leopolds Brief an Breitkopf & Sohn (nicht „Johann Gottlieb Immanuel Breitkopf“) ist bei Bauer—Deutsch unter Nr. 437 abgedruckt.

14. März 1778, Anmerkung: Die Reiseroute von Mutter und Sohn von Mannheim nach Paris ist wahrscheinlich über Metz gegangen. In Clermont-en-Argonne trinken sie auf die Gesundheit des Salzburger Freundes Abbé Joseph Bullinger. (Bauer—Deutsch Nr. 439, 24. 3. 1778)

Zu Seite 157:

14. April 1778: „Dicasterialstund“ ist die beim 40stündigen Gebet den Regierungsbeamten angewiesene Stunde. (Discasterien = Regierungsämter) (OED)

Am 11. April 1778 (nicht erst „Mitte April“) erfolgte der Umzug von Mutter und Sohn in das neue Quartier in der Rue du Gros Chenêt.

Bauer—Deutsch Nr. 440 (5. April 1778); der Brief ist erst am 10. April beendet worden.

17. Mai 1778: Bei der Aufführung der Orgelsolo-Messe KV 259 in Salzburg unter Leitung Leopold Mozarts wird das Kyrie durch das der „Spaur“-Messe ersetzt, die möglicherweise mit KV 262 (246^a) identisch ist. (Walter Senn in: NMA I/1/Abt.1/Band 2, S. XVI—XVII; ders., *Beiträge zur Mozartforschung . . . Zur Missa longa KV 262 (246^a) von W. A. Mozart,* in: *Acta Musicologica* XLVIII (1976), Fasc. II, S. 219—227, hier S. 225 ff.)

Bauer—Deutsch Nr. 450 (28. 5. 1778).

* 9./10. Juni 1778: Mozarts Mutter läßt sich am 11. Juni selbst zur Ader und kränkelt seitdem. Ab 19. ist sie bettlägerig, ab 20. mit starkem Fieber. Am 24. Juni verliert sie das Gehör. Erst an diesem Tage wird ein Arzt zugezogen; ein von ihm vorgenommener Aderlaß bringt keine Besserung.

Bauer—Deutsch Nr. 453 und 471 (12. 6. und 31. 7. 1778).

Zu Seite 158:

* Aus dem « Journal de Paris », 12. Juni 1778

SPECTACLES.
OPÉRA.

Si nous sommes bornés jusqu'à présent à rendre compte de l'opinion générale sur les nouveautés, si nous nous sommes abstenus de donner la nôtre, il nous semble que nous le devons encore plus particuliérement dans cette occasion. On donna hier la premiere Représentation *de finte Gemelle,* ou *les Jumelles supposées,* Opéra-Bouffon. Plusieurs morceaux furent généralement applaudis; on admira la gaité du jeu & la facilité du chant du Signor *Caribaldi.* Les trois Chanteuses ont paru faire plaisir; mais on remarqua surtout la légéreté de l'organe & les agrémens du chant de la Signora *Rosina Banioli,* qui fut applaudie avec transport. En général le récitatif n'a pas réussi; cependant on parut l'écouter avec plus d'intérêt, lorsqu'il fut animé par le jeu du Signor *Caribaldi.*

On donna, après cette Piece, la premiere Représentation des *Petits Riens,* Ballet Pantomime, de la composition de *M. Noverre.* Il est composé de trois Scenes épisodiques, & presque détachées l'une de l'autre. La premiere est purement anacréontique; c'est l'Amour pris au filet & mis en cage; la composition en est très-agréable. La Dlle *Guimard* & le sieur *Vestris* le Jeune y déployent toutes les graces dont le sujet est susceptible. La seconde est le Jeu de Colin Maillard; le sieur *d'Auberval,* dont le talent est si agréable au Public, y joue le Rôle principal. La troisieme est une Espieglerie de l'Amour qui présente à deux Bergeres une autre Bergere déguisée en Berger. La Dlle *Asselin* fait le Rôle de Berger, & les Dlles *Guimard* & *Allard* ceux de Bergeres. Les deux Bergeres deviennent amoureuses du Berger supposé, qui, pour les détromper, finit par leur découvrir son sein. Cette Scene est très-piquante par l'intelligence & les graces de ces trois célèbres Danseuses. Nous devons remarquer, qu'au moment où la Dlle *Asselin* désabuse les deux Bergeres, plusieurs voix crièrent *bis.* Les Figures variées par lesquelles ce Ballet est terminé furent très-applaudies.

Journal de Paris No. 163, S. 651 (vollständiger und korrigierter Text nach Mitteilung Rudolph Angermüller, Salzburg). – Die „Dlle Asselin" hatten die Mozarts auf ihrer großen Reise 1763 in Köln getroffen; in Leopold Mozarts Reisenotizen (Bauer–Deutsch Nr. 65) wird sie als „die erste renomirte Tänzerin Asselin" erwähnt.

12. Juni 1778, Anmerkung: Anton Raaff, der Mozarts Mutter in ihren letzten Tagen häufig besucht, ist an diesem Tag mit Mozart bei Graf Sickingen. Mozart spielt bei diesem seine („Pariser") Sinfonie in D KV 297 (300[a]) bei Gelegenheit einer mittäglichen Einladung vor, bei der auch Raaf zugegen ist (Bauer–Deutsch Nr. 453, 12. 6. 1778). In der Anmerkung ist daher „an diesem Abend" zu streichen. (OED) – Raaff ist auch bei der Uraufführung der „Pariser" Sinfonie mit Mozart im Orchester anwesend. (Bauer–Deutsch Nr. 458, 3. 7. 1778)

Am 3. Juli 1778, „abends um 10 uhr 21 Minuten" stirbt Mozarts Mutter. Am Tag darauf wird der Leichnam in der Kirche St. Eustache eingesegnet und in einem der drei zu St. Eustache gehörenden Friedhöfe — vermutlich im Cimetière St. Jean-Porte-Latine — beigesetzt.

Bauer–Deutsch Nr. 459 (3. 7. 1778). – Erich Valentin, *Mozart,* München 1959, S. 78, 79. – Die Beisetzung fand nicht, wie angenommen (Deutsch Bild Nr. 310), im Cimetière des Innocents statt.

Zu Seite 158–159:

4. Juli 1778, Anmerkung, Zeile 2: François-Joseph (Franz Joseph) Haina, den die Mozarts schon 1764 in Paris kennengelernt hatten (Bauer–Deutsch Nr. 84/18: „Mr: Henno"), hat sich in den letzten Wochen um Maria Anna Mozart angenommen. Er war mit Mozart und einer Wärterin in ihrer Todesstunde anwesend. – Zeile 5: Nach dem Tode der Mutter übersiedelt Mozart in die Chaussée d'Antin (nicht „Rue de la Chaussée d'Antin"); er erhält Kost und Logis bei Madame d'Epinay. (Bauer–Deutsch Nr. 487, 11. 9. 1778)

Zu Seite 159:

4. Juli 1778: zu „Kolb" siehe oben 8. Mai 1777. – Leopold Mozart bezeichnet das an diesem Tage aufgeführte Werk Wolfgangs als „deine Lodro: Cassation" (Bauer–Deutsch Nr. 473, 3. 8. 1778); gemeint ist wahrscheinlich die sog. „Zweite Lodronische Nachtmusik", das Divertimento in B KV 287 (271^b; KV^6: 271 H).

9. Juli 1778: Die „Familie Mayr" ist die Familie Mayr von Mayrn, also die Familie von Kolbs Mutter; das Haus lag in der Griesgasse (Nr. 4, „Griebaderhaus"). – Die von Leopold Mozart im Brief vom 3. August 1778 (Bauer–Deutsch Nr. 473), in dem er Wolfgang über die „Nachtmusik vom Kolb" am 9. Juli 1778 informiert, erwähnte „Finalmusik" ist wohl das Divertimento in D KV 251.

27. Juli 1778, Anmerkung: Leopold Mozarts Brief vom 13. August 1778 mit der Kopie von Grimms Brief vom 27. Juli ist bei Bauer–Deutsch unter Nr. 476 abgedruckt.

11. August 1778: Kapellmeister Lolli ist an diesem Tag in Salzburg begraben worden (nicht „gestorben").

Bauer–Deutsch Nr. 476 (13. 8. 1778). – Das Gesuch Leopold Mozarts um Lollis Posten ist bei Bauer–Deutsch unter Nr. 481 abgedruckt, der Erledigungsvermerk und das einschlägige Dekret an das Hofzahlmeisteramt bei MvA II, S. 328.

Zu Seite 160:

* Am 20. August 1778 wird in Paris in der Comédie Italienne die *Comédie melée d'Ariettes Julie* von Nicolas Dezède neu aufgeführt. Die Ariette *„Lison dormait"* daraus, die Mozart um diese Zeit gehört haben dürfte, benutzt er als Thema für Klavier-Variationen (KV $264/315^d$).

Kurt von Fischer, in: NMA IX/26, S. X.

6. September 1778, Anmerkung: Der Brief Leopold Mozarts vom 17. 9. 1778, der den Text von Padre Martinis Brief kopiert, ist bei Bauer–Deutsch unter Nr. 490 abgedruckt.

Aus dem «Journal de Paris», 4. und 8. September 1778

Il commencera par une nouvelle Symphonie de la Composition del Signor Amadeo Mozart.

Das Konzert fand am 8. September statt. (Hinweis Rudolph Angermüller, Salzburg) – Es handelt sich um die (Dok S. 160) unter „Anfang September 1778" verzeichnete Notiz. Mozart erwähnt das Konzert in seinem Brief vom 11. September 1778 (Bauer–Deutsch Nr. 487).

11. September 1778: Differenzen mit Grimm hat es offenbar bereits vor dem 11. September gegeben. Im Brief vom 11. September (Bauer–Deutsch Nr. 487) berichtet Mozart erstmals dem Vater davon.

Spätestens am 3. Oktober 1778 (nicht „um den 4. Oktober") kommt Mozart nach Nancy. Sein Brief vom 3. Oktober (Bauer–Deutsch Nr. 494) ist bereits in Nancy geschrieben.

Zu Seite 161:

6. November 1778: In Mannheim logiert Mozart nicht „bei Christian Cannabich", sondern bei dessen Frau Maria Elisabeth. Christian Cannabich war bereits im Herbst mit den Mannheimer Musikern nach München übersiedelt.

Bauer–Deutsch Nr. 504 (12. 11. 1778).

Am 22. November 1778 (nicht am „21. November") wurde Mozarts Divertimento in D KV 251 bei Hof (in Salzburg) aufgeführt.

Bauer–Deutsch Nr. 506 (23. 11. 1778).

Zu Seite 161–162:

29. Dezember 1778, Anmerkung: Beeckes Brief (Bauer–Deutsch Nr. 514) lag nicht Mozarts Brief vom 31. Dezember bei, sondern dem vom 29. Dezember 1778 (Bauer–Deutsch Nr. 513).

Zu Seite 162:

8. Januar 1779: Maria Anna Theklas Nachschrift zum Brief Wolfgangs ist mit diesem zusammen bei Bauer–Deutsch unter Nr. 520 abgedruckt.

Am 11. (oder 12.) Januar 1779 wird in München auf der italienischen Hofbühne Anton Schweitzers *Alceste* (nicht „Glucks *Alceste*") aufgeführt.

Zu Seite 163:

13. Januar 1779: Der Abreisetag Mozarts von München ist ungewiß. Mozart ist mit dem Fuhrunternehmer Franz Xaver Gschwendtner gereist, der, wie Leopold Mozart schreibt, „den 14ten oder 15ten" in München abzureisen pflegt. Dementsprechend ist auch der Ankunftstag in Salzburg unbestimmt. Ob das Bäsle mit Wolfgang nach Salzburg kam, ist ebenfalls zweifelhaft. Leopold Mozart wünschte jedenfalls, sie solle „den 20ten mit dem Postwagen nachkommen".

Bauer–Deutsch Nr. 521 (11. 1. 1779).

17. Januar 1779: Mozarts Gesuch ist bei Bauer–Deutsch unter Nr. 522 abgedruckt.

Zu Seite 163–164:

18. Februar 1779: Im Text von Burney's Abhandlung sind folgende Änderungen vorzunehmen (OED):

Auf Seite 163 ist in Zeile 1 nach „his" zu ergänzen „[Samuel Wesley's]".

Änderungen auf S. 164: In Zeile 2 ist zwischen „years" und „age" ein „of" einzuschalten. – In den Zeilen 11 und 15 ist „Dr. B." durch „Dr. J." zu ersetzen und dementsprechend in der Anmerkung der letzte Satz zu streichen. – In den Zeilen 14 und 17 sind die Ziffern „8" und „40" durch „eight" bzw. „forty" zu ersetzen.

Anmerkung, Zeile 1: „S. 519 f." ist durch „S. 183" zu ersetzen. – In Zeile 3 ist „Frühjahr 1780" zu streichen.

Zu Seite 164:

* Gesuch Franz Anton Spitzeders an Erzbischof Hieronymus, Februar 1779

[Bogen 1]

Ex Decr.° Cels.mi Pnpis 22. Febr: 1779

Hofzahlamt ad referendum, wobey anzuzeigen ist, was Adlgasser für die Instruction im Kapellhaus genossen, und ob nicht etwa nach dessen Absterben jeman anderer diese Besoldung bezogen habe.

Recompens für gegebene Clavier Instruction in CapellHaus.

Zu Seite 164: 1779

An
Ihro Hochfürstlich Gnaden
Erzbischofen zu Salzburg
Germaniens Primaten p: p:

unterthänigst gehorsammstes bitten
und Anlangen Franz Anton Spitzeder

pro gratia ut intus.

Hochwürdigst Hochgebohrner, des Heiligen Römischen Reichs Fürst, Gnädigster Landesfürst, Herr Herr p: p:

Nachdem Euer Hochfürstliche Gnaden p: p: gnädigst geruhet Wolfgang *Mozart* zur Clavierjnstruction in dem Kapellhaus zuernennen; ich aber selbe yber ein ganzes Jahr aus höchst gnädigsten Befehl versehen: Also Gelanget an Euer Hochfürstliche Gnaden p: p: mein widerholt-unterthänigst gehorsammstes bitten und Anlangen, mir, für meine gehabte mühe, nach höchst gnädigsten belieben etwas auszuwerfen, der ich mich in tiefester Ehrfurcht zu füssen lege.

Euer Hochfürstlichen Gnaden
Unseres Gnädigsten Landes
Fürsten, und Herrn Herrn p: p:

unterthänigst gehorsamster
Franz Anton Spitzeder
tenorist mp.

[Bogen 2]

Ex Decr.° Cels.^{mi} Pnpis 25. Febr: 1779

An die Hofkammer mit deme, daß dem Spitzeder Fünfzig Gulden als ein Recompens für die durch ein Jahr in dem Kapellhaus gegebene Instruction von dem Hofzahlamt gegen Quittung abgereichet werden sollen.
In Cons. Crae. 27. Febr. 1779

An
Euer Hochfürstlich Gnaden Erzbischof
zu Salzburg.
unterthänigst gehorsamste Erinnerung
von Höchstdero Hofzahlamt

des Anton Spitzeder Hof-Tenoristen
Instruktionsgeld für das Kapellhaus
betreff.

Hochwürdigster Erzbischof

Des heil. Röm. Reichs Fürst, Gnädigster Landes Fürst und Herr Herr.

Bereits untern 30^{t} Dec. des verflossenen Jahres ist auf die von dem Hof-Tenoristen Anton Spitzeder anhero gegebene Bittschrift, daß demselben wegen durch ein ganzes Jahr in dem Hochfürstl. Kapellhaus abgehaltenen Klavier Instruktionen eine Erkänntniß aus höchsten Gnaden ausgetheilet werden möchte, Unterthänigst erinnert worden, welcher Gestalten ihr bereits vor einem Jahr verschiedene Hoforganist Kajetan Adlgasser laut gdigster Signatur von 9ten 8^{bris} 1760 auf Absterben des Joseph Paris sowohl die Klavier-Instruktion im Kapellhaus als den Organisten Dienst in der heiligen Dreyfaltigkeits Kirche gegen monatliche 4 f. 30 x zu versehen erhalten habe. Benannte 4 f 30 x sind nach Hinscheiden des Adlgassers allda abgeschrieben, und bis nun Niemanden hiervon etwas ertheilet worden. Spitzeder würde es dahero als eine höchste Gnade zu erkennen haben, wenn selben die ersparte 54 f. gnädigst zuerkannt würden.

Salzburg, den 24.ten Hornung 1779

Hochfürst: Hofzahlamt
allda.

LA, Hofzahlamt 1779/3—I

Salzburger Landesarchiv. – Werner Rainer, *F. A. Spitzeder als Klavierlehrer am Kapellhaus*, in: MJb 1964, S. 138–141. – Aus dem Gesuch ergibt sich, daß Mozart während seiner Organistenzeit in Salzburg auch im Kapellhaus den Sängerknaben Klavierunterricht zu erteilen hatte. (OED)

Zu Seite 165:

30. März 1779, Anmerkung: Die Blätter von Nannerls Tagebuch mit den Eintragungen vom 26. März bis 9. Mai 1779, die teils Nannerl, teils Wolfgang gemacht haben, sind bei Bauer–Deutsch unter Nr. 523 abgedruckt. Die Eintragungen vom 30. März stammen von Wolfgang.

24. September 1779, Anmerkung: Auch der diesen Tag betreffende Teil der Eintragung in Nannerls Tagebuch stammt von Wolfgang (Bauer–Deutsch Nr. 527; der Text lautet richtig wie folgt: „um 9 uhr auf dem Colegiplatz beym H: dell auf der gass eine Nachtmusique. den Marsch von der letzten finalmusique. lustig sin[d] die schwobemedle. und die Hafnermusick.")

Zu Seite 166:

21. Januar 1780, Zeile 13: statt „consumate" lies „consummate". (OED)

Anmerkung, Zeile 2: der Name lautet richtig „Tenducci".

Zu Seite 167:

18. März 1780: Wo die Akademie stattfand, ist in dem betreffenden Tagebuchblatt (Bauer–Deutsch Nr. 529) nicht erwähnt, wahrscheinlich nicht im Theater (wenn auch Mitglieder der Truppe Böhm mitwirkten), sondern im „Tanzmeister-Saal". Die „Sinfonie" ist wohl die Sinfonie-Fassung der Haffner-Serenade KV 250 (248b). (Günter Haußwald, in: NMA IV/11/7, S. VII).

Die den 2. bis 7. September 1780 betreffenden Eintragungen in Nannerls Tagebuch (Bauer–Deutsch Nr. 533) stammen von Wolfgang.

Zu Seite 167–168:

1780, Anmerkung, Zeile 2: statt „(... 1782)" lies „(Seite 187)". (Dok S. 605)

Zu Seite 168:

31. Oktober 1780 (Eheschließung Aloisia Weber/Joseph Lange): vgl. Heinz Schuler, *Zur Familiengeschichte des Johann Joseph Lange*, in: MM 22 (1974), Heft 1/2, S. 29–37.

5. November 1780, Anmerkung: Mozarts Urlaub lief am Montag, den 18. Dezember 1780 ab (Bauer–Deutsch Nr. 563, 16. 12. 1780), nicht am „16. Dezember".

6. November 1780: Mozart versucht noch am Abend des Ankunftstages in München den Grafen Seeau zu sprechen, trifft ihn aber nicht an.

Bauer–Deutsch Nr. 535 (8. 11. 1780).

8. November 1780: statt „Novemberr" lies „November". (OED)

Zu Seite 169:

Am 7. Januar 1781 reist Frau Maria Viktoria Robinig mit ihren Töchtern Maria Aloisia (Luise) und Maria Elisabeth von Salzburg nach München und kommt hier am 8. Januar an. Ihr Sohn Georg Siegmund war mindestens seit 3. Januar in München.

Bauer–Deutsch Nr. 576 (8. 1. 1781); Nr. 574 (3. 1. 1781).

Am 26. Januar (nicht „am 25.") 1781 kommen Leopold und Nannerl Mozart in München an.

Bauer—Deutsch Nr. 581 (22. 1. 1781).

29. Januar 1781, Zeile 11: korrigiere „Andreas" in „Andrea". (Dok. S. 605)

Zu Seite 169—170:

29. Januar 1781, Anmerkung: Wer die Proben zu *Idomeneo* geleitet hat, ist unbestimmt; wahrscheinlich Mozart selbst.

Zu Seite 171:

* AUS FRANZ RIEGERS REISEAUFZEICHNUNGEN, STRASSBURG, 9. FEBRUAR 1781

In einem Zimmer der Prinzessin Maria Christina von Sachsen, Äbtissin von Remiremont. In diesem Zimmer lag auf den Tisch die Opera, welche diesen Fasching zu München ist aufgeführt worden. Der wälsche Text ist von Varesco, die Übersetzung von Herrn Schachtner, und die Musick vom jungen Motzard alle drey von Salzburg.

Museum Carolino Augusteum, Salzburg. — Herbert Klein, *Die Mozarts, der Ritter Esser und zwei junge Salzburger Theologen,* in: MJb 1959, S. 219—227, hier S. 227. — Rieger war ein Alumne aus dem Priesterhaus in Salzburg. — Die „Opera" war das Textbuch des *Idomeneo.* (Deutsch I, S. 63)

12. Februar 1781: Der Brief Leopold Mozarts an Breitkopf & Sohn (nicht „Johann Gottlieb Immanuel Breitkopf") ist mit vollständigem Text bei Bauer—Deutsch unter Nr. 582 abgedruckt.

12. März 1781, Anmerkung: Der Erzbischof war am 21. Februar 1781 von Salzburg nach Wien abgereist. (Chronik des Felix Adauctus Haslberger) — Leopold und Nannerl Mozart sind am 14. März nach Salzburg zurückgekehrt. (Bauer—Deutsch Nr. 617, 10. 8. 1781) — Mit ihnen reist Heinrich Marchand (der Sohn des Münchner Theaterdirektors Theobald Marchand), der von da ab als Leopolds Schüler im Klavier- und Violinspiel im Tanzmeisterhaus lebt. (Bauer—Deutsch Nr. 940, 18. 3. 1786) — Wolfgang ist über Altötting (so die richtige Schreibweise) nach Wien gereist.

Zu Seite 172:

16. März 1781, Anmerkung: Mozart, Ceccarelli und Brunetti erhielten vom Erzbischof für ihre Mitwirkung beim Konzert je vier Dukaten (Bauer—Deutsch Nr. 588, 11. 4. 1781), von dem Fürsten Colloredo je fünf Dukaten (Bauer—Deutsch Nr. 585, 28. 3. 1781). — Der Onkel des Erzbischofs, Karl Graf Colloredo, dem die Mozarts 1763 in Brüssel begegnet waren (Bauer—Deutsch Nr. 69), lebte aus gesundheitlichen Gründen meist in Italien. Der Erzbischof benützte die große Wohnung seines Onkels im 1. Stock des Deutschen Hauses; der Hofrats-Direktor Kleinmayr und Mozart bewohnten dort ebenfalls ein Nebenzimmer. Die Küche lag im Parterre. Vgl. Walter Pillich, *Mozart im Deutschen Hause zu Wien,* in: *Wiener Geschichtsblätter* 1950, Nr. 3, S. 65—69.

17. März 1781, Anmerkung: Mozart konzertiert allein bei Hofrat Johann Gottlieb von Braun, zu dem ihn Kleinmayr bringt. (Bauer—Deutsch Nr. 585, 24./28. 3. 1781)

31. März 1781, Anmerkung, Zeile 7: Der Bassist Fischer heißt mit Vornamen Johann Ignaz Ludwig, nicht „Ludwig Karl". (MGG IV, Sp. 271)

Zu Seite 173:

3. April 1781, Anmerkung: Bei dem Konzert der Tonkünstler-Societät war auch der Kaiser anwesend. (Bauer—Deutsch Nr. 585, 24./28. 3. 1781) — Daß die in diesem Konzert gespielte „Sinphonie" Mozarts die Sinfonie in C KV 338 war, ist unwahrscheinlich, weil die von Mozart (im Brief vom 11. 4. 1781, Bauer—Deutsch Nr. 588) angegebene Besetzung des Orchesters viel eher zur „Pariser" Sinfonie KV 297 (300[a]) paßt. (Friedrich Schnapp, in: NMA IV/11/6, S. X) — Ob Mozart auch ein Klavierkonzert gespielt hat, ist fraglich. (OED)

8. April 1781: Nicht die Sonate KV 379 wurde von Mozart und Brunetti in der Akademie beim Fürsten Colloredo gespielt, sondern die Sonate für Klavier und Violine KV 380.

Karl Marguerre, *Die beiden Sonaten-Reihen für Klavier und Geige,* in: MJb 1968/70, S. 327–332, hier S. 330; ebenso Eduard Reeser, in: KB zu NMA VIII/23, S. 130. – Daß in dem Konzert vom 8. April auch das Rondo für Horn in Es (Fragment!) KV 371 aufgeführt wurde, ist unwahrscheinlich. Mozart hätte das in seinem Brief vom gleichen Tage (Bauer–Deutsch Nr. 587) sicher erwähnt.

1. oder 2. Mai 1781, Zeile 1: statt „Deutschen-Ritter-Ordens-Haus" lies „Deutsch-Ritter-Ordens-Haus". (Dok S. 605)

Zu Seite 174:

Am 9. Mai 1781 kommt es nach vorherigen zweimaligen Auseinandersetzungen zum Bruch mit dem Erzbischof. Karl Graf Arco weigert sich, das Abschieds-Gesuch Mozarts entgegenzunehmen. – Die Abreise von Wien verschiebt Mozart vom 9. (nicht „vom 8.") auf den 12. Mai.

Bauer–Deutsch Nr. 592 (9. 5. 1781); Nr. 594 (12. 5. 1781).

* Am 7. August 1781 spielt Mozart bei der Gräfin Wilhelmine Thun „was fertig ist" (von der *Entführung*) vor. Schon am 1. August war komponiert: „die erste aria von der Cavalieri, und die vom adamberger und das Terzett welches den Ersten Ackt schliesst".

Bauer–Deutsch Nr. 616 (8. 8. 1781); Nr. 615 (1. 8. 1781).

10. August 1781: Der vollständige Text des Briefes Leopold Mozarts an Breitkopf & Sohn (nicht „Breitkopf") ist bei Bauer–Deutsch unter Nr. 617 abgedruckt.

Zu Seite 175:

15. Oktober 1781, Anmerkung, Zeile 2: statt „Galerie des Burgtheaters" lies „Ehrengalerie des Burgtheaters". (OED)

31. Oktober 1781, Anmerkung: Die Baronin Martha (nicht „Maria") Elisabeth von Waldstätten lebte von ihrem Ehemann, Hugo Joseph Dominik Baron von Waldstätten, Landrat, Truchseß und Rat des Niederösterreichischen Landrechts, getrennt.

16. November 1781, Anmerkung: Die Herzogin Friederike war die Mutter der Großfürstin Maria Feodorowna. (Siehe 25. November 1781) – Die Verlobung der Prinzessin Elisabeth von Württemberg mit Erzherzog Franz fand am 4. März 1782 (also nicht „eben") statt, die Hochzeit am 6. Januar 1788. Sie starb am 19. Februar 1790, einen Tag vor Kaiser Joseph II.

23. November 1781, Anmerkung: In der Akademie bei Auernhammer waren auch einige Salzburger anwesend: der Obersthofmeister Franz Lactanz Graf Firmian und der Hofrat Johann Baptist Anton Daubrawa von Daubrawaick mit seinem Sohn Franz Anton. (Bauer–Deutsch Nr. 644, 24. 11. 1781) – Zeile 2: statt „hatte" lies „hatten". – Zeile 4 und 5: Zu den „ad-libitum"-Stimmen für Klarinetten, Trompeten und Pauken in einer Stimmenausgabe von KV 365 (316[a]) bei Breitkopf & Härtel vgl. Christoph Wolff in: NMA V/15/2, S. X. (Hinweis Marius Flothuis, Amsterdam)

8. Dezember 1781, Anmerkung: Die *Wiener Zeitung,* aus der eine große Anzahl von Mozart betreffenden Anzeigen usw. in den Dokumenten-Band übernommen wurde, erschien als *Wiennerisches Diarium* mit seiner ersten Nummer am 8. August 1703, anfangs nur „posttäglich", also mittwochs und samstags. Ab 1780 nannte sich das Blatt *Wiener Zeitung,* unter Joseph II. dreimal wöchentlich erscheinend. Ab 1782 wurde die *Wiener Zeitung* 17 Jahre lang von Conrad Dominik Bartsch (* 1759) geleitet, der auch Sekretär der Loge „Zur gekrönten Hoffnung" war (vgl. Dok S. 218, 226). Vgl. Franz Stamprech, *Die älteste Tageszeitung der Welt. Werden und Entwicklung der „Wiener Zeitung",* Wien o. J. – Mozart selbst hat in der *Wiener Zeitung* 1788 inseriert (Streichquintette KV 406/516[b], 515, 516). (Vgl. Dok. S. 274, 283 f.) – Vgl. Wilfried Scheib, *Mozart im Wiener Diarium,* in: ÖMZ, 11. Jahrgang (1956), Heft 7/8, S. 270–273.

Zu Seite 176:

24. Dezember 1781, Anmerkung, Zeile 4 ff.: Die gleiche Notiz findet sich Anfang 1804 in der Wiener Ausgabe von Clementis Sonate op. 41 bei T. Mollo & Comp. (OED)

* Am 1. Januar 1782 stirbt Johann Christian Bach in London.

3. März 1782, Anmerkung, Zeile 4–5: Clementi verließ Wien erst zwei Monate später, nämlich am 9. Mai 1782 (Bauer–Deutsch Nr. 673, 8. 5. 1782), also nicht „bald darauf".

Zu Seite 177:

2. April 1782: Faksimile des Theaterzettels der Aufführung von *Sandrina oder Die verstellte Gräfin* bei MohrFMb S. 47.

20. April 1782: Constanze Webers Zeilen sind als Nachschrift zu Mozarts Brief vom gleichen Tag bei Bauer–Deutsch unter Nr. 668 abgedruckt, Leopold Mozarts Brief vom 29. April mit dem vollständigen Text unter Nr. 669.

7. Mai 1782: Die Anmerkung ist zu streichen. (Siehe 7. August 1781)

Zu Seite 178:

26. Mai 1782: Die herkömmliche Annahme, daß das Menuett KV 409 in die Sinfonie KV 338 einzufügen sei (sie geht auf Nissen und Alfred Einstein zurück), wird von Friedrich Schnapp (NMA IV/11/6, S. XI–XII) überzeugend widerlegt. – Nach Christoph Wolff (NMA V/15/2, S. X, Anmerkung 15) wurde nicht die Sinfonie KV 338, sondern die „Pariser" Sinfonie KV 297 (300[a]) aufgeführt. – Zur Sinfonie van Swietens vgl. Ernst Fritz Schmid, *Gottfried van Swieten als Komponist,* in: MJb 1953, S. 15–31. – „Einlass-Karte": Deutsch Bild Nr. 358.

Zu Seite 178–179:

16. Juli 1782, Anmerkung: Daß die *Entführung* am 3. August 1782 im Burgtheater gegeben wurde, gibt zwar auch Hadamowsky S. 37 (unter Nr. 327) an, steht aber in Widerspruch zu Mozarts Brief vom 31. Juli 1782 (Bauer–Deutsch Nr. 681), in dem er schreibt: „gestern war sie zum 4:[ten] Mal und freytag wird sie wieder gegeben"; „freytag" ist der 2. August. – Die Zusammenstellung der Aufführungs-Daten der *Entführung* weicht von der bei Hadamowsky ab.

Zu Seite 179:

Am 20. Juli 1782 begibt sich Mozart mit Graf Zichy zum Staatskanzler Kaunitz, dem er bereits mehrmals (1762, 1767, 1768, 1773) begegnet war; 1781 sagt er von ihm, er sei „ein recht guter freund von mir". (Bauer–Deutsch Nr. 608, 27. 6. 1781)

Zum 23. Juli 1782 ist nicht auf den „9. Januar 1763", sondern auf den 10. Januar 1763 zu verweisen. (OED)

Zu Seite 180:

Aus Zinzendorfs Tagebuch, 30. Juli 1782

. . . Le soir au Spectacle *die Entführung aus dem Serail.* opera, dont la musique est pillée de differentes autres. Fischer joua bien. Adam Berger est une statue.

Deutsch II S. 182. – Johann Ludwig Fischer sang den Osmin, Johann Valentin Adamberger den Belmonte.

29. Juli 1782, Zeile 1: statt „Sigmund" lies „Siegmund". (OED) – Zeile 2: „(Jenbachhausen)" ist zu streichen.

Zu Seite 180—184: 1782

Anmerkung: Das für die Feier der Nobilitierung Haffners geschriebene Werk bezeichnet Mozart zwar selbst als „Neue Sinphonie" bzw. „Neue Sinfonie" (Bauer—Deutsch Nr. 677, 20. 7. 1782; Nr. 681, 31. 7. 1782; Nr. 713, 21. 12. 1782), komponiert hat er aus diesem Anlaß aber eine große Serenade, von der Marsch, ein Menuett (vielleicht auch weitere Sätze) verschollen sind. Die übrigen Sätze faßte Mozart zur Sinfonie in D („Haffner"-Sinfonie) KV 385 zusammen. (Hinweis Walter Senn, Innsbruck; vgl. auch Christoph-Hellmut Mahling, in: NMA IV/11/6, S. IX–X)

Zu Seite 181:

4. August 1782: Faksimile der Eintragung im Trauungsregister: Deutsch Bild Nr. 333.

Zu Seite 182:

6. August 1782, Anmerkung: Im August 1782 wohnte Gluck noch am Michaelerplatz; das Haus „Zum silbernen Löwen" auf der Wieden kauft Glucks Gattin erst am 30. Juli 1784. (Roland Tenschert, *Christoph Willibald Gluck*, Olten 1951, S. 225)

* Im September 1782 wendet sich der preußische Gesandte in Wien, Johann Hermann Freiherr von Riedesel, im Auftrag seines Hofes an Mozart mit dem Ersuchen um Überlassung einer Kopie der Partitur der *Entführung*. Da Mozart die Original-Partitur am 20. Juli 1782 an den Vater geschickt hat, läßt Mozart die Kopie durch diesen in Salzburg besorgen.

Bauer—Deutsch Nr. 695 (25. 9. 1782).

Zu Seite 183:

5. Oktober 1782, Anmerkung: Christian (Gottlieb) Gottlob Stephanie d. Ä. und (Johann) Gottlieb Stephanie d. J. waren Stiefbrüder.

Am 13. November 1782 (nicht am „11. November") verschiebt Mozart die Reise nach Salzburg. (Bauer—Deutsch Nr. 708)

Zu Seite 184:

Aus Zinzendorfs Tagebuch, 5. Dezember 1782
(Bei Gräfin v. Pergen)

... J'y restois jusques vers 9h. n'ayant pû partir a cause de l'arrivée de l'*Empereur*, qui parla infiniment musique, du combat entre Mozhardt et Clementi.

Deutsch II S. 183.

9. Dezember 1782, Anmerkung: Die Firma Schott wurde 1770 von Bernhard Schott gegründet. (MGG XII, Sp. 50)

Aus Zinzendorfs Tagebuch, 14. Dezember 1782

... Le soir chez *Me de Thum*, ou Mozhard joua.

Deutsch II S. 183.

* Im Dezember 1782 bemüht sich Mozart, angeregt durch eine Äußerung des Hoftheaterdirektors Franz Xaver Wolf Graf Rosenberg, er möge „doch eine Welsche opera schreiben", verschiedentlich um entsprechende Textbücher.

Bauer—Deutsch Nr. 713 (21. 12. 1782).

Zu Seite 187:

Am 4. Januar 1783 (nicht „am 4. Februar"; siehe Dok S. 188) spielt Mozart bei einer Akademie des Hofrats Anton von Spielmann.

Bauer–Deutsch Nr. 719 (4. 1. 1783).

Zu Seite 188:

15. Januar 1783: m = Marklübisch, Kurantwährung in Lübeck und Hamburg. β = Schilling (1 m = 16β). (OED)

Anmerkung, Zeile 3: statt „Heina" lies „Haina". (OED)

Februar 1783, Anmerkung: Auf dem Kohlmarkt, Stadt Nr. 1179, war die Wohnung von Frau Caecilie Weber bis Georgi 1780 (Emil Karl Blümml, *Aus Mozarts Freundes- und Familienkreis*, Wien etc. 1923, S. 22), was Mozart dem Vater im Brief vom 21. 5. 1783 (Bauer–Deutsch Nr. 747) verständlicherweise verschweigt. – Daß Mozart damals schon Schulden hatte, geht aus seinem Brief vom 15. Februar 1783 (Bauer–Deutsch Nr. 729) hervor, in dem er die Baronin Waldstätten um finanzielle Hilfe bitten muß.

* Februar 1783: Um diese Zeit trägt sich Mozart mit dem Gedanken, Goldonis *Il servitore di due padroni* zu komponieren, dessen Übersetzer Johann Nepomuk Friedrich Freiherr Binder von Krieglstein bereits den ersten Akt fertiggestellt hat. Der Plan wird nicht ausgeführt.

Bauer–Deutsch Nr. 725 (8. 2. 1783). – Siehe oben Dezember 1782.

Zu Seite 189:

11. März 1783, Anmerkung: Die „Pariser" Sinfonie KV 297 (300[a]) wird in der ersten Fassung (mit dem ursprünglichen Andante) gespielt. (Hermann Beck, in: NMA IV/11/5, S. IX)

* Am 12. März 1783 spielt Mozart in einer Akademie bei Johann Nepomuk Graf Esterházy.

Bauer–Deutsch Nr. 731 (12. 3. 1783).

23. März 1783: Im Konzert im Burgtheater wurde nicht die ganze Serenade KV 320 aufgeführt, sondern, wie Mozart im Brief vom 29. März 1783 (Bauer–Deutsch Nr. 734) schreibt, „die kleine Concertant-Simphonie von meiner letzten final Musique", das sind die Sätze drei und vier aus der genannten Serenade.

Diese beiden Sätze existieren in einer gesonderten Abschrift, die Mozart mit „Sinfonia concertante" überschrieben hat. (KV[6] S. 343; Günter Haußwald, in: NMA IV/11/7, S. VIII) – Mozart spielte in dem Konzert auch „eine kleine fuge. weil der kayser da war". (Bauer–Deutsch Nr. 734, 29. 3. 1783) – Das Thema zu den hier improvisierten, später niedergeschriebenen Klavier-Variationen (KV 398/416[c]) stammte aus Giovanni Paisiellos Musik zur Oper *I filosofi immaginarii*, die in deutscher Übersetzung von Gottlieb Stephanie d. J. unter dem Titel *Die eingebildeten Philosophen* am 22. Mai 1781 im Burgtheater erstaufgeführt wurde. – Das Thema der außerdem improvisierten und dann niedergeschriebenen Variationen KV 455 stammte aus Glucks Musik zur Oper *La rencontre imprévue* (ursprünglich *Les Pèlerins de Mecque*), die in deutscher Übersetzung von Johann Heinrich Faber unter dem Titel *Die unvermuthete Zusammenkunft oder Die Pilgrime von Mekka* am 26. Juli 1780 im Burgtheater erstaufgeführt worden war. (Bauer–Deutsch Nr. 734, 29. 3. 1783; Kurt von Fischer, in: NMA IX/26, S. X)

Zu Seite 190:

3. April 1783, Anmerkung: Daß die durch Hofrat Johann Baptist Anton Daubrawa von Daubrawaick nach Salzburg gesandten Porträts Mozarts und Constanzes von Joseph Lange stammten, ist eine Vermutung. Nannerl schreibt am 4. Januar 1804 (Bauer–Deutsch Nr. 1364): „1783 schickte er mir seine portrait von Wien ganz klein in bastel . . . in profil"; dies bezieht sich sicher auf das im April 1783 nach Salzburg geschickte Porträt Wolfgangs.

13. April 1783: Nannerl bezeichnet die an diesem Tag aufgeführte Litanei ausdrücklich als „die ältere Litanie von wolfgang". Es handelt sich also um KV 125. Die Tagebuch-Eintragungen dieser Tage (Bauer–Deutsch Nr. 740) dürften Aufführungen in der Hofkapelle zu Mirabell, nicht im Dom, betreffen.

24. April 1783: Mozarts Wohnung „auf dem Juden Plaz im burgischen hause, N:° 244" lag im ersten (nicht „im dritten") Stock.

Bauer–Deutsch Nr. 747 (21. 5. 1783).

* Anfang Mai 1783 wendet sich Mozart durch Vermittlung des Vaters an Abbate Giambattista Varesco (siehe 29. Januar 1781) wegen eines Opernlibrettos mit sieben Personen. Varesco entwirft in den Folgemonaten das Textbuch zu *L'oca del Cairo,* das Mozart jedoch nur zum Teil komponiert (KV 422).

Mai 1783: Die Anmerkung ist wie folgt zu ergänzen: Ungenauer deutscher Auszug in Cramers *Magazin der Musik,* 1. Jahrgang (1783), 2. Hälfte, S. 834 ff. – Robert Münster, *Mozart und Holzbauer. (Die Miserere-Bearbeitung KV Anh. 1/297a),* in: MJb 1959, S. 234–246, hier S. 242 f. (Deutsch I S. 63)

Zu Seite 192:

30. Juni 1783, letzte Zeile des „Avertimento": statt „Napolitano" lies „Napoletano". (OED)

Zu Seite 193:

19. August 1783, Anmerkung, Zeile 2: statt „Lerchenfeldstraße" lies „Lerchenfelderstraße". (Hinweis Gerhard Croll, Salzburg)

* Am 27. August 1783 besucht die blinde Pianistin Maria Theresia Paradies mit ihrer Mutter auf der Durchreise in Salzburg die Mozarts im Tanzmeisterhaus und am 28. machen diese ihr einen Gegenbesuch im Gasthof „Zum Stern".

Bauer–Deutsch Nr. 764 (23.–28. 8. 1783). – Siehe 13. Februar 1785, Anmerkung.

Zu Seite 194:

* Am 1. Oktober 1783, nachmittags, wird bei einer Privat-Musik im Tanzmeisterhaus in Salzburg u. a. „ein Concert aus dem C auf dem clavier", wohl KV 415 (387^{b}), vorgetragen, gespielt wahrscheinlich vom Komponisten.

Bauer–Deutsch Nr. 765 (4. 9.–31. 10. 1783). – Während des Aufenthalts Mozarts in Salzburg finden im Tanzmeisterhaus wiederholt derartige gemeinsame musikalische Veranstaltungen statt.

26. Oktober 1783: Über den Anlaß der Komposition der Messe KV 427 (417^{a}) macht Mozart nur vage Andeutungen in seinem Brief vom 4. Januar 1783 (Bauer–Deutsch Nr. 719) an den Vater. Die einschlägigen Tagebuchnotizen Nannerls sind bei Bauer–Deutsch unter Nr. 765 abgedruckt.

30. Oktober 1783, Anmerkung: Das Ständetheater in Prag wurde am 21. April 1783 (nicht „1781") eröffnet. (MGG X, Sp. 1582)

Zu Seite 197:

17., 24. und 31. März 1784, Anmerkung, Zeile 2: „worden" ist zu streichen. – Richters Konzert in der „Mehlgrube", angeblich in der *Wiener Zeitung* Nr. 104 (Ende Dezember) angekündigt, ist 1782 bis 1785 dort nicht erwähnt. (OED)

Zu Seite 198:

23. März 1784: zu den beiden Stadler vgl. Karl Maria Pisarowitz, *„Müaßt ma nix in übel aufnehma ...", Beitragsversuche zu einer Gebrüder-Stadler-Biographie,* in: MM 19 (1971), Heft 1/2, S. 29–33.

23. März 1784: Zinzendorfs Tagebuch-Eintragung stammt vom 23. März 1785, ist also hier zu streichen und auf S. 213 einzufügen (vgl. auch unten 23. März 1785).

Zu Seite 199:

* Am 10. April 1784 kündigt Mozart an, er werde „morgen", also am 11. April, „bey der Academie so Mad:[elle] Bayer giebt", spielen.

Bauer–Deutsch Nr. 783 (10. April 1784). – Ob das Konzert stattfand, ist zweifelhaft, weil der 11. April 1784 der Ostersonntag war, an welchem keine öffentlichen Konzerte erlaubt waren. – Frl. Bayer war die Tochter des Trompeters der Hofmusikkapelle Johann Ernst Bayer (seit 1741, pensioniert 1762). Sie war 1760, nach Portheim 1763, geboren. Sie komponierte auch (nach MvA, Band II, S. 227). Georg Forster nennt sie in seinen Tagebüchern (Berlin 1914, S. 186 und 192) Nanette B. (OED)

29. April 1784: Bei der Akademie der Regina Strinasacchi (geb. 1764, nicht „1761") spielt Mozart auch ein Klavierkonzert, wahrscheinlich KV 453.

Bauer–Deutsch Nr. 907 (7. 12. 1785).

1. Mai 1784, Anmerkung: Der Verweis auf Niemetschek ist zu streichen und durch „Jahn ²/II 749" zu ersetzen. (OED)

Zu Seite 199–200:

27. Mai 1784: Der Star sang in Takt 2 des Themas (Klavierkonzert KV 453, 3. Satz) gis, nicht g; folglich ist vor das 3. Viertel in Takt 2 ein ♯ zu setzen.

Mit der Fermate in Takt 1 und den beiden gis'' in Takt 2 wollte Mozart andeuten, wo die Musikalität des Vogels doch etwas versagte. (Eva und Paul Badura-Skoda, in: KB zu NMA V/15/5, S. e/8, Anmerkung 1)

Zu Seite 200:

Anfang Juni 1784: In Laxenburg besucht Mozart den nunmehrigen Schloßhauptmann Philipp Lehmann, den die Mozarts schon seit 1768 kannten.

Bauer–Deutsch Nr. 797 (9./12. 6. 1784).

* Am 12. Juni 1784 reist Giuseppe Sarti von Wien ab, wo er seine Reise nach St. Petersburg unterbrochen hatte. Er hat Mozart besucht und dieser hat ihm „sehr viel gespiellt, endlich auch Variazionen auf eine seinige Aria gemacht, woran er sehr viel freude gehabt hat".

Bauer–Deutsch Nr. 797 (9./12. 6. 1784). – Die „Aria" ist *„Come un agnello"* aus Sartis Oper *Fra i due litiganti il terzo gode,* die am 28. Mai 1783 im Burgtheater erstaufgeführt worden war. Eine Teilaufzeichnung dieser improvisierten Variationen ist erhalten. (Kurt von Fischer, in: NMA IX/26, S. XI–XII)

13. Juni 1784: Michael Kelly erwähnt in seinen *Reminiscences* ein Streichquartettspiel (Haydn, Dittersdorf, Vanhal, Mozart) bei Stephen Storace in Gegenwart von Giovanni Paisiello (vgl. Dok S. 456). – Zu Ehren Paisiellos wurde am 20. Juni seine Oper *La finta amante* im Burgtheater aufgeführt. (Michtner S. 174, 478)

7. Juli 1784, Anmerkung, Zeile 4–5: Ludwig Graf Cobenzl war ein Vetter (nicht „Sohn") des Staatskanzlers Johann Philipp Graf Cobenzl, bei dem Mozart im Sommer 1781 auf dem Reisenberg zu Gast war. (Siehe Juli 1781)

Zu Seite 202:

* Am 15. September 1784 findet in Salzburg eine „grosse Musik beym Barisani [statt], wo die neue excellente Synfonie von deinem Bruder produciert habe", wie Leopold Mozart seiner Tochter mitteilt.

Bauer–Deutsch Nr. 809 (17. 9. 1784). – „beym Barisani", also in der Wohnung des fürstbischöflichen Leibarztes Dr. Silvester Barisani im Gartentrakt des Lodron-Palais. – Die „neue . . . Synfonie" ist die „Linzer"-Sinfonie KV 425; die Partitur hatte Mozart am 15. Mai mit dem Postwagen zum Ausschreiben der Stimmen nach Salzburg geschickt. (Bauer–Deutsch Nr. 790, 15. 5. 1784)

29. September 1784, Anmerkung, Zeile 4–6: Die Miete von Mozarts Wohnung in der Großen Schulerstraße betrug jährlich 460 fl., nicht 480 fl., wie Bauer–Deutsch im Brief vom 16. Februar 1785 (Bauer–Deutsch Nr. 847) lesen, halbjährlich also in der Tat 230 fl.

Zu Seite 204:

17. November 1784: Die Einnahme bei der Salzburger Erstaufführung der *Entführung* betrug 191 fl. Erzbischof Hieronymus war anwesend (auch bei der Reprise am 9. Dezember); er äußerte, „es wäre wirklich nicht übel". (Bauer–Deutsch Nr. 825, 19. 11. 1784) – Schmidt hatte in Wien den Pedrillo gesungen. (Bauer–Deutsch Nr. 809, 17. 9. 1784)

5. Dezember 1784, Anmerkung, Zeile 4: statt „Leopold Anton Hoffmann" lies „Leopold Alois Hoffmann".

Zu Seite 206:

1785: statt „Gothaischen Theater-Kalender" lies Gothaischen „Theater-Kalender".

Anmerkung, Zeile 1: statt *„Theater-Almanach"* lies *„Theater-Kalender"*. (OED)

Zu Seite 208:

15. Januar 1785: Daß tatsächlich alle sechs (später Joseph Haydn gewidmeten) Streichquartette und nicht nur, wie in der englischen Ausgabe des Dokumenten-Bandes (*Mozart. A Documentary Biography*, London ²/1966, S. 234) vermutet, drei gespielt wurden, geht aus Leopold Mozarts Brief vom 22. Januar 1785 (Bauer–Deutsch Nr. 840) hervor.

31. Januar 1785, Anmerkung, Zeile 2: Joseph Baptist Anton Graf Pergen war Polizeimeister unter Joseph II.

Zu Seite 209:

4. Februar 1785, Anmerkung, Zeile 3: streiche „und von dem sich ein Exemplar in Mozarts Nachlaß befand". (Deutsch I S. 63)

Am 7. Februar 1785 (nicht am „6. Februar") reist Leopold Mozart mit Heinrich Marchand morgens um 8 Uhr in München ab.

Bauer–Deutsch Nr. 847 (16. 2. 1785). – Über Joseph Haydns berühmte Worte berichtet Leopold Mozart im Brief vom 16. (nicht „14".) Februar 1785 (Bauer–Deutsch Nr. 847) seiner Tochter (letzte Zeile der Anmerkung zu 12. Februar 1785).

Zu Seite 210:

17. Februar 1785: Bei Maria Caecilia Weber sind Leopold Mozart, Heinrich Marchand, Wolfgang und Constanze Mozart zu Mittag eingeladen. (Bauer–Deutsch Nr. 848, 21. 2. 1785) – Die am gleichen Tag stattfindende Akademie der Schauspielerin Josepha Hortensia Müller erwähnt Leopold Mozart in diesem Brief nicht.

18. Februar 1785: Heinrich Marchand spielt bei dieser Akademie ein Violinkonzert. (Bauer–Deutsch Nr. 848, 21. 2. 1785)

21. Februar 1785: Bei der Akademie im Hause Zichy produziert sich das Ehepaar Lebrun, nicht Ludwig August Lebrun allein.

Bauer–Deutsch Nr. 848 (21. 2. 1785).

Zu Seite 211:

7. März 1785: Das Ehepaar Lebrun hatte in seinen drei Konzerten überdurchschnittliche Einnahmen: im ersten 1100 fl., im zweiten 900 fl., im dritten 500 fl. Mozarts Einnahme in seiner Akademie am 10. März betrug 559 fl. (Bauer–Deutsch Nr. 850, 12. 3. 1785)

* Aus «The Public Advertiser», London, 9. März 1785

Miss Paradis, with various abatements, how many prodigies of the musical world have appeared — allowing this and that deficience, how wonderful. So has been with every infantine exertion of late — the Mozart, the Tomasino, little Parke etc. But what is all this to positive excellence? To Charles Burney, Miss Guest, and yet more to Clemente? — Very well it may he for a poor blind girl — But — why is the auditor at an half-guinea concert to be fobb'd off with buts.

Gefunden von Cecil B. Oldman (†). – Hermann Ullrich, *Maria Theresia Paradis in London*, in: *Music & Letters* XLIII (1962), January, S. 16–24, hier S. 23. – Maria Theresia Paradis aus Wien wirkte im Februar und März 1785 in London an drei Konzerten mit; diese Notiz erschien nach ihrem dritten Auftreten. – „Tomasino" ist Thomas Linley; „Little Parke" ist Maria Hester Parke (* 1775); „Charles Burney" wahrscheinlich Charles Rousseau Burney, Neffe und Schwiegersohn des großen Burney; „Miss Guest" wohl Mary Jane Guest (* ca. 1780) und Clemente natürlich Muzio Clementi. (OED)

Zu Seite 211—212:

10. März 1785, Anmerkung, letzte Zeile: Musikalische Akademien fanden nicht nur „in dieser Fastenzeit" (1785) statt, sondern regelmäßig während der Fastenzeit in den damaligen Jahren. (Hinweis Gerhard Croll, Salzburg)

Zu Seite 212—213:

13. März 1785: Der Besuch war schwach, die Einnahme nur 733 fl. 13 kr., darunter 50 Dukaten (216 fl. 40 kr.) vom Kaiser. (Akten im Archiv der Stadt Wien) (OED)

Zu Seite 213

15. März 1785: Bei dem Konzert der Tonkünstler-Societät spielt Heinrich Marchand ein Konzert. (Bauer–Deutsch Nr. 850, 12. 3. 1785) – Schlechtester Besuch, etwa 200 Personen; Einnahme 163 fl., 42 kr. (OED)

18. März 1785, Anmerkung: In einem von Mozarts Konzerten in der „Mehlgrube" wurde eine der ersten sechs Sinfonien von Adalbert Gyrowetz gespielt. (MGG V, Sp. 1148)

* Aus Zinzendorfs Tagebuch, 23. März 1785

... puis au Concert de *l'agent Ployer*, ou j'entendis sa fille toucher du clavecin a merveille.

Deutsch II S. 183 (vgl. Dok S. 198 und oben 23. März 1784) – Gottfried Ignaz von Ployer (1773 geadelt) war Salzburger Hofagent. Die in seinem Hause lebende Barbara Ployer war nicht seine Tochter, sondern die des Franz Kajetan Ployer (Mitteilung Walter Senn, Innsbruck). Dieser hat sich 1787 in Mozarts Stammbuch eingetragen (siehe S. 259).

Am 25. März 1785 (nicht „am 24. März") besuchen die Mozarts das Ehepaar Lange.

Bauer–Deutsch Nr. 854 (25. 3. 1785).

28. März 1785, Anmerkung: Der Advokat Dr. Ignaz Raab war ein Vetter (nicht „ein Neffe") der Salzburger Hausbesitzerin Maria Anna Raab, der Quartierwirtin Leopold Mozarts. (Bauer–Deutsch Nr. 854, 25. 3. 1785)

Zu Seite 214:

1. April 1785, Anmerkung: Die Aufführung der *Entführung* in München wurde vom Kurfürsten Karl Theodor „anbefohlen". Graf Seeau hatte sich dagegen gesträubt. (Bauer–Deutsch Nr. 838, 19. 1. 1785) – Den Belmonte in der Münchner Erstaufführung sang Franz Christian Hartig, die Konstanze wahrscheinlich Dorothea Wendling. (Max Zenger, *Geschichte der Münchener Oper*, München 1923, S. 51)

2. April 1785, Anmerkung, Zeile 4: statt „dritte" lies „erste". (Hinweis Marius Flothuis, Amsterdam)

Zu Seite 215:

16. April 1785: Die Loge heißt „Zur wahren Eintracht" (nicht „Zur Eintracht"); die Überschrift hier und im folgenden ist dementsprechend zu ergänzen. (OED) – Am 16. April war auch Johann Michael Puchberg in der Loge anwesend. (Otto Erich Deutsch, *Mozart und die Wiener Logen*, Wien 1932, S. 29, Anmerkung 12)

Zu Seite 217:

2. Mai 1785, Anmerkung: ergänze „Salzburger Landesarchiv" durch „(Catenichel 1785 S. 60)". (OED)

Zu Seite 219:

Der Unterzeichner der „Nachricht" (Text S. 218), der Logensekretär Conrad Dominik Bartsch, war Chefredakteur der *Wiener Zeitung*. (Norbert Tschulik, *Neues zur Mozart-Berichterstattung*, in: ÖMZ 31 [1976], Heft 7/8, S. 337)

Mozarts „Notiz" für Thomas Attwood ist „nach dem 23. August 1785" zu datieren (so Bauer–Deutsch Nr. 873). – In der Anmerkung Zeile 1 ist „Oldmann" zu berichtigen in „Oldman". – Zeile 3: statt „von Mozarts Hand" lies „von dessen Hand". (OED)

* Am 31. August 1785 wird die *Entführung* in Mannheim gegeben; Johann Ignaz Ludwig Fischer sang wieder den Osmin.

Genealogie, 24 (1975), S. 671.

Zu Seite 222—223:

26. September 1785, Anmerkung: Von Alessandro Cornet erschienen 1791 bei Artaria „6 Duetten con Cl." (ÖNB *MS 7521-qu. 4°*). (OED und ÖNB)

Zu Seite 223:

15. Oktober 1785, Zeile 8: vor „geben" ergänze „zu". (OED)

Zu Seite 223–224:

15. Oktober 1785, Anmerkung, Zeile 8 (Bassetthorn): statt „einer Altklarinette in F" lies „einer Art Klarinette, deren tiefe Lage vom normalen E bis zum C darunter erweitert ist". (Deutsch I S. 63)

Zu Seite 225:

28. November 1785, Anmerkung, Zeile 5: Zu Jean Georges Meuricoffre (Johann Georg Meurikoffer) vgl. Erich H. Müller von Asow, *Meuricoffre-Coltellini. Ein Ehepaar aus Mozarts Bekanntenkreis,* in: *Wiener Figaro* 26 (1958), Folge 1 (März), S. 1–9.

Aus Zinzendorfs Tagebuch, 30. November 1785

... Au Spectacle. La *Villanella rapita.* La Spectacle est gai, la musique contient quelques morceaux de Moshart, les paroles beaucoup d'equivoques. Le souflet repeté.

Deutsch II S. 213. – Die Oper *La Villanella rapita* von Francesco Bianchi (Text von Giovanni Bertati) war am 25. November in Wien erstaufgeführt worden. Mozart hatte dazu zwei Ensemblesätze komponiert: das Quartett für Sopran, Tenor und zwei Bässe (Celesta Coltellini, Vincenzo Calvesi, Stefano Mandini, Francesco Bussani) *„Dite almeno, in che mancai"* KV 479 und das Terzett für Sopran, Tenor und Baß (Celesta Coltellini, Vincenzo Calvesi, Stefano Mandini) *„Mandina amabile"* KV 480. – Der Höhepunkt der Oper, die Szene mit der Ohrfeige („souf[f]let"), fand so stürmischen Beifall, daß sie wiederholt werden mußte.

Zu Seite 226:

9. Dezember 1785, letzter Absatz, erste Zeile: statt „teilnehmen" lies „theilnehmen". (OED)

Anmerkung, Zeile 9: Der Schatzmeister der Loge Joseph Graf Stockhammer war k.k. Mundschenk. (OED)

* Aus Zinzendorfs Tagebuch, 16. Dezember 1785

... a l'opera ... la *Villanella rapita,* le quartetto est beau.

Deutsch II S. 213. – Zum Quartett siehe oben 30. November 1785.

Zu Seite 227:

21. Dezember 1785, Zeile 3: nach „Clavicembalo" schalte ein „etc. &c.". (OED)

* Goethe an Philipp Christoph Kayser, 22. Dezember 1785

Neulich ward die Entführung aus dem Serail, componirt von Mozart gegeben. Jedermann erklärte sich für die Musick. Das erstemal spielten sie mittelmässig, der Text selbst ist sehr schlecht und auch die Musick wollte mir nicht ein. Das zweitemal wurde es schlecht gespielt und ich ging gar heraus. Doch das Stück erhielt sich und jedermann lobte die Musick. Als sie es zum fünftenmal gaben, ging ich wieder hinein. Sie agirten und sangen besser als iemals, ich abstrahirte vom Text und begreiffe nun die Differenz meines Urtheils und des Eindrucks aufs Publikum und weiß woran ich bin.

Goethes Briefe, durchgesehen von Karl Robert Mandelkow, Hamburg 1962, Band I, S. 493 (Nr. 393). – Der Komponist und Klaviervirtuose Philipp Christoph Kayser (1755 bis 1823) war mit Goethe befreundet. Er ist einer der Komponisten des *Veilchen.* – Die *Entführung* wurde seit September 1785 in Weimar gegeben. Vgl. November 1787. (OED)

23. Dezember 1785, Anmerkung: Daß Mozart an diesem Tag das Klavierkonzert KV 482 spielte, wird „mit einiger Sicherheit" auch von Hans Engel und Horst Heussner (NMA V/15/6, S. IX) angenommen. Ob die Wiederholung des traditionellen Konzerts der Tonkünstler-Societät am 23. Dezember aber als eine der „3 Subscriptions Accademien" gelten kann, von denen Mozart seinem Vater am 13. Januar 1786 (Bauer–Deutsch Nr. 918) berichtet, muß bezweifelt werden; die Bemerkung, er habe „das Andante repetiren" müssen, bezieht sich jedenfalls nur auf eine der Subskriptions-Akademien, nicht aber auf das Konzert der Tonkünstler-Societät am 23. Dezember 1785. Es muß also offen bleiben, welches Konzert Mozart an diesem Tag spielte.

Zu Seite 229:

14. Januar 1786: Ob Mozart an diesem Tag in der Loge anwesend war, ist zweifelhaft. Wahrscheinlich ist nämlich der (undatierte) Brief (Bauer–Deutsch Nr. 921), mit dem er den Grafen Wenzel Paar bittet, ihn bei „unserer heutigen ersten feyerlichkeit" zu entschuldigen, auf den 14. Januar 1786 zu datieren.

18. Januar 1786, Anmerkung, Zeile 3: statt „Wienerischen" lies „Wiener" (ebenso S. 307 oben und S. 603). (Deutsch I S. 64)

Aus Zinzendorfs Tagebuch, 7. Februar 1786

... Arrivés a Schoenbrunn ce salon d'Orangerie qui fait un si beau vase, se trouva beaucoup mieux orné que l'année passée... On alla entendre une *Comedie Allemande* intitulée. *der Schauspiel* Director dans lequelle la Sacco et Lang jouerent un morceau de Bianca Capello, la Adam Berger et Weidmann un morceau *aus der galanten Bäurin.* La Cavalieri et la Lang chanterent. Le tout etoit fort mediocre. Ensuite on passa a l'autre bout de la Sale, ou Benucci, Mandini, la Storace et la Coltellini jouerent une petite piece *Prima la musica e poi le parole,* dans laquelle la Storace imita parfaitement Marchesi en chantant des airs de Guilio Sabino.

Deutsch II S. 183. – Die Titelfigur des Schauspiels *Bianca Capello* war die zweite Frau des Francesco Maria I. Medici (1541 bis 1587, seit 1574 Großherzog von Toscana), Sohn des Cosimo I. Medici. Bianca Capello und Francesco Maria starben 1587, vergiftet vom Bruder und Nachfolger Francesco Marias, Ferdinand I., Kardinal. (Marcel Brion, *Die Medici,* München 1975, S. 153 f.)

Zu Seite 231:

* Aus der «Wiener Zeitung», 8. Februar 1786

Bey Johann Traeg . . . sind folgende neue Musikalien sauber und korekt geschrieben um billigen Preis zu haben:

. . .

Das Quartetto von Mozart aus der Oper *La Villanella rapita.*

Deutsch I S. 64. – Das „Quartetto" ist KV 479.

Zu Seite 232:

19. Februar 1786: Außer dem in der *Oberdeutschen Staatszeitung* vom 23. März 1786 veröffentlichten Rätsel sind aus einem (in der Staatsbibliothek Preußischer Kulturbesitz Berlin/West befindlichen, aus der Sammlung Hermann Härtel stammenden) handschriftlichen Entwurf Mozarts fünf weitere Rätsel des Flugblatts bekannt. Vgl. Joseph Heinz Eibl, *Mozart verfaßt Rätsel,* in: ÖMZ 26 (1971), Heft 2, S. 65–71.

21. Februar 1786, originale Anmerkung, Zeile 2: statt „Niederlandden" lies „Niederlanden". (Dok S. 606)

Zu Seite 233:

22. Februar 1786, Anmerkung: Der *Schauspieldirektor* wurde im Kärntnertortheater am 11., 18. und 25. Februar gegeben, am 11. zusammen mit dem Singspiel *Das Irrlicht oder Endlich fand er sie* von Ignaz Umlauf, die letzten beiden Male zusammen mit *Prima la musica e poi le parole.* (Hadamowsky S. 67, 100, 109)

Zu Seite 234:

AUS ZINZENDORFS TAGEBUCH, 13. MÄRZ 1786

... a 10ʰ j'allois attendre *Louise,* qui revenoit de l'opera Idomenée de chez le Pᶜᵉ Auersperg.

Deutsch II S. 214. – „Louise" ist Louise von Diede, Freiin von Fürstenstein, geb. Gräfin Gallenberg-Muskau (verh. mit Wilhelm Christoph von Diede), eine Cousine Zinzendorfs und seine Freundin. – Wilhelm Christoph von Diede, dänischer Gesandter in Berlin und London in den Jahren 1763 bis 1777, war ein Vetter jenes Wiener Gesandten Johann Hermann von Riedesel, der im Herbst 1782 im Auftrag des Königs von Preußen bei Mozart eine Partitur der *Entführung* bestellte (siehe oben September 1782). (Walther Rehm, *Johann Hermann von Riedesel, Freund Winckelmanns, Mentor Goethes, Diplomat Friedrichs des Großen,* in: *Götterstille und Göttertrauer,* Bern 1951, S. 202 ff., hier S. 208) – Eigentümer des Josephstädter Palais Auersperg war zu Mozarts Zeit nicht der Fürst Karl Auersperg, sondern der 1746 persönlich in den Reichsfürstenstand erhobene Johann Adam Auersperg (1721 bis 1795). Er war Obersterblandmarschall in Tirol, k.k. wirklicher Geheimer Rat und Kämmerer, Obersthof- und Landjägermeister, Feldmarschall-Leutnant und seit 1776 mit Maria Josepha Lobkowitz verheiratet. Vgl. Walter Szmolyan, *Das Bauernfeindsche Theater im Palais Auersperg in Wien,* in: ÖMZ 18 (1963), Heft 12, S. 553–559, hier S. 559, Anmerkung 28.

Zu Seite 234–235:

23. März 1786: Die Publikation in der *Oberdeutschen Staatszeitung* ist bei Bauer–Deutsch unter Nr. 933 abgedruckt, die Bemerkungen Leopold Mozarts dazu im Brief vom 23. März 1786 an Nannerl unter Nr. 943. – Im Text (auf S. 234) ist die Zeile „D. e. e. h. i. n. ë. r. r." in „D. e. e. h. i. n. ö. r. r." zu berichtigen.

Zu Seite 235:

* AUS ZINZENDORFS TAGEBUCH, 23. MÄRZ 1786

... j'allois diner chez le *Pᶜᵉ de Paar.* Il y avoient *mere et fille* Thun, M. et Mᵉ Duschek 2. Virtuoses, les Diede ... Mᵉ Duschek nous chanta le bel air de la Storace du roi Theodore Come lasciar potrei il mio primiero amor. Et *Non vi turbate,* no.

Deutsch II S. 214. – „les Diede" sind Wilhelm Christoph von Diede und seine Frau Louise. (Siehe oben 13. März 1786, Anmerkung) – Die Oper *Il re Teodoro in Venezia* von Giovanni Paisiello wurde am 23. August 1784 in Wien in Gegenwart des Komponisten uraufgeführt; ab 6. Oktober 1784 sang die Storace die Lisetta. – Am 27. März und am 6. April hörte Zinzendorf die Duschek wieder beim Fürsten Paar. (OED)

AUS ZINZENDORFS TAGEBUCH, 27. MÄRZ 1786

... Le soir apres 7ʰ· au Concert chez le *Pᶜᵉ de Paar.* Mᵉ Duschek chanta en perfection.

Deutsch II S. 214.

Zu Seite 236–237:

5. April 1786, Anmerkung: Nach MGG VII (Sp. 1661) wurde Leopold Anton Kozeluchs Oper *Debora e Sisara* (nicht *„Sisera"*) im Frühjahr 1789 in Wien aufgeführt.

Zu Seite 237:

7. April 1786: Daß Mozart in seiner Akademie das Klavierkonzert KV 491 spielte (so auch Erich Schenk, in: *Mozart, sein Leben, seine Welt,* Wien–München ²/1975, S. 532), ist eine bloße Vermutung, die auch nicht durch die nachstehende Notiz in der *Wiener Zeitung* vom 8. April gestützt wird. (Hans Engel und Horst Heussner, in: NMA V/15/6, S. IX)

Zu Seite 238:

1. Mai 1786, Anmerkung, Zeile 8: statt „es" lies „sie". (OED) – Am 29. April fand die Generalprobe des *Figaro* in Anwesenheit des Kaisers statt (Zinzendorf). – Zu Ann Storace (Zeile 14) vgl. Karl Robert Brachtel, *Mozarts erste Susanne,* in: MM 16 (1968), Heft 1/2, S. 6.

Zu Seite 240:

AUS ZINZENDORFS TAGEBUCH, 1. MAI 1786

... A 7^{h.} du soir a l'opera le *Nozze di Figaro,* la poesie de da Ponte, la musique de Mozhardt. Louise dans notre loge, l'opera m'ennuya.

Deutsch II S. 214. – „Louise" ist Louise von Diede, die Freundin Zinzendorfs. (Siehe oben 13. März 1786)

Zu Seite 241:

9. Mai 1786, Anmerkung: Daß die „Verfügung" des Kaisers durch die Wiederholungen einzelner Gesangsstücke in den ersten Aufführungen des *Figaro* veranlaßt wurde, geht eindeutig aus Michael Kellys *Reminiscences* hervor. (Siehe Dok S. 458)

Mai 1786: statt AUS FRANZ KAZINCZYS SELBSTBIOGRAPHIE lies AUS FRANZ KAZINCZYS «DENKWÜRDIGKEITEN MEINER LAUFBAHN» (1956 neu herausgegeben von Ladislaus Orosz, Budapest). (OED)

Zu Seite 242–243:

1. Juli 1786, Anmerkung, Zeile 6: zu ersetzen ist „Cat. A. Hughes – H. Hughes, 354" durch „Add. Mss 16055–6". (OED)

Zu Seite 243:

AUS ZINZENDORFS TAGEBUCH, 4. JULI 1786

... A l'opera. Le *nozze di Figaro.* La musique de Mozart singuliere, des mains sans tête.

Deutsch II S. 214.

Zu Seite 243–244:

11. Juli 1786: Im Text des Dokuments ist auf Seite 244 in Zeile 9 zu berichtigen: „sprengten" recte „strengten". (OED)

Zu Seite 245:

* Am 8. August 1786 bietet Mozart über den ihm seit seiner Jugendzeit bekannten Sebastian Winter (siehe 9. Juni 1763) dem Fürsten Joseph Maria Benedikt von Fürstenberg eine Anzahl von Sinfonien, Klavierkonzerten und Kammermusikwerken zum Ankauf an und regt ein Abkommen an, wonach er gegen eine bestimmte jährliche Summe weitere Kompositionen zu liefern bereit sei.

* AUS GOETHES «ITALIENISCHER REISE», VICENZA, 20. SEPTEMBER 1786

Gestern war Oper, sie dauerte bis nach Mitternacht, und ich sehnte mich, zu ruhen. „Die drei Sultaninnen" und „Die Entführung aus dem Serail" haben manchen Fetzen hergegeben, woraus das Stück mit weniger Klugheit zusammengeflickt ist. Die Musik hört sich bequem an, ist aber wahrscheinlich von einem Liebhaber, kein neuer Gedanke, der mich getroffen hätte.

Soliman II ou les Trois sultanes, Verskomödie von Charles-Simon Favart, Musik von Paul-César Gibert (1761 Paris, Comédie Italienne). – Siehe November 1787 (Goethe).

19. November 1786: An welchem Tag, ob am 9. November oder am 19. Dezember, Thekla Podleska im Kärntnertortheater (nicht „im Burgtheater") in der *Entführung* auftrat, ist wegen der unterschiedlichen Angaben über die Aufführungsdaten des Singspiels ungewiß.

Zu Seite 248:

26. Dezember 1786, Anmerkung, Zeile 2: Der Brief Leopold Mozarts an seine Tochter datiert nicht vom „12. Januar 1786", sondern vom 12. Januar 1787 (Bauer–Deutsch Nr. 1020); der hier einschlägige Passus lautet: „die Rede, daß dein Bruder nach Engelland reisen wird, bestättigt sich noch immer von Wienn, von Prag und von München aus."

Zu Seite 249:

MOZARTS EINTRAGUNG IN DAS STAMMBUCH EDMUND WEBERS

seyen sie fleissig — fliehen sie den Müssigang — und vergessen sie nie
ihren sie von Herzen liebenden Vetter

Wolfgang Amadè Mozart

Wienn den 8t Jenner 1787

Morgens um 5 Uhr, vor der abreise.

Das Stammbuch war im Besitz der Frau Sophie Lichtenberger in Speyer, geborenen Heckel aus Mannheim, und wurde 1962 bei J. A. Stargardt in Marburg versteigert. Maximilian Stadler hatte am 3. April 1788 in Esterháza hineingeschrieben: „Erreichen Sie bald Ihren Meister Haydn und Ihren Freund Mozart." (OED)

8. Januar 1787, Anmerkung: Auf Grund von Mozarts Brief vom 15. Januar 1787 (Bauer–Deutsch Nr. 1022) ist wahrscheinlich, daß in der Reisegesellschaft Mozarts auch Franz Jakob Freystädtler war. – Zu Marianne Crux vgl. Karl Maria Pisarowitz, *Mozart auf den Reisen nach Prag,* in: MM 14 (1966), Heft 1/2, S. 16–20; ders., *Parerga zur Cruxiade,* in: MM 15 (1967), Heft 3/4, S. 11–13.

Zu Seite 250:

9. Januar 1787, Anmerkung, Zeile 3: statt „noch" lies „doch". (OED)

11. Januar 1787: Das Gasthaus am Kohlenmarkt, in dem Mozart zuerst logierte, hieß „Zu den drei goldenen Löwen" (nicht „Drei Löwen").

Anmerkung, Zeile 2: Nicht Johann, sondern Franz Joseph Anton Freiherr von Bretfeld zu Cronenburg veranstaltete in seinem Palais an der Spornergasse Nr. 240 die Bälle.

12. Januar 1787: Das Klavierquartett und das *Bandel*-Terzett KV 441 wurde nicht im Musiksalon des Grafen, sondern in Mozarts Zimmer gespielt. (Bauer–Deutsch Nr. 1022, 15. 1. 1787)

13. Januar 1787, Anmerkung: Paisiellos Oper *Le gare generose* wurde in Wien nicht nur am 1. September 1786 aufgeführt, sondern 1786 ab 1. September insgesamt siebenmal und 1787 insgesamt elfmal. (Hadamowsky S. 49, Nr. 437)

Zu Seite 251–252:

24. Februar 1787, Anmerkung, Zeile 6: streiche „ebenso wie die Lieder KV 472, 474, 517 und 518". (OED)

Zu Seite 252:

26. Februar 1787, Anmerkung: Mozart wollte noch nicht sogleich mit Kelly, Storace usw. nach England reisen, vielmehr sollte ihm sein Schüler Attwood zuvor einen Opernkontrakt oder ein Subskriptionskonzert vermitteln. (Bauer–Deutsch Nr. 1036, 2. 3. 1787)

7. März 1787, Anmerkung: Zur Familie Willmann vgl. Karl Maria Pisarowitz, *Die Willmanns*, in: MM 15 (1967), Heft 1/2, S. 7–12, und MGG XIV, Sp. 692–694. Hiernach hat es „eine Pianistin namens Marianne Willmann niemals gegeben". Schülerin Mozarts war angeblich die Klavierspielerin Walburga Willmann, die dann auch das Konzert am 7. März 1787 gegeben hätte.

21. März 1787: Der Bassist Fischer heißt mit Vornamen Johann Ignaz Ludwig. (MGG IV, Sp. 271)

Zu Seite 254:

1. April 1787, Anmerkung: Mozart hat (laut Constanzes Brief vom 30. Juli 1799, Bauer–Deutsch Nr. 1248) „sein größtes Stammbuch" auf seinen Reisen verloren. Es handelt sich wohl um ein anderes Stammbuch als das mit der Eintragung Fischers, das seit 1856 im Besitz der Internationalen Stiftung Mozarteum Salzburg war.

Zu Seite 254–255:

11. April 1787, Anmerkung, Zeile 2: statt „1763" lies „1767" (Geburtsjahr von Gottfried von Jacquin). – Statt „1853" lies „1850" (Todesjahr von Franziska Lagusius, geb. von Jacquin). (Hinweis Walter Senn, Innsbruck)

Zu Seite 255:

14. April 1787: Der Text von Sigmund Barisanis Eintragung in Mozarts Stammbuch lautet richtig wie folgt (OED):

Wenn deines Flügels Meisterspiel
Den Briten, der, selbst groß von Geist,
Den grossen Mann zu schätzen weiß,
Dahinreißt zu'r Bewunderung;
Wenn deine Kunst, um welche dich
Der welsche Komponist beneidt,
Und wie er kann und mag verfolgt;
Wenn deine Kunst, in der dir nur
Ein Bach, ein Joseph Haydn gleicht
Dir längst verdientes Glück erwirbt
Vergiß da deines Freundes nicht,
Der sich mit Wonne stets und stets
Mit Stolz erinnern wird, dass er
Als Arzt dir zweymal hat gedient
Und dich der Welt zu'r Lust erhielt,
Der aber noch weit stolzer ist
daß du sein Freund bist so wie er.

Faksimile in: Franz Xaver Jelinek, *Salzburger Mozart-Album: Eine Auswahl von Mozarts ersten Compositionen . . .,* Salzburg 1871, und in Ludwig Schiedermairs „Mozart-Ikonographie" (= Band 5 von *Die Briefe W. A. Mozarts und seiner Familie,* hg. von . . ., München–Leipzig 1914, Tafel 63. Text auch bei Nissen S. 674–675. – „Der welsche Komponist", auf den Barisani anspielt, ist wohl Antonio Salieri.

* Am 22. April 1787 stirbt in Wien der Hofkomponist Joseph Starzer (* 1726 oder 1727).

23. April 1787: Im Text der Notiz in Cramers *Magazin der Musik* ist in Zeile 4 „Clavierschüler" in „Clavierspieler" zu berichtigen. (OED)

Zu Seite 256:

24. April 1787: Zur Eintragung Joseph Franz von Jacquins in Mozarts Stammbuch: Ludwig Mielichhofer erwähnt in seiner Schrift *Die Säcularfeier der Geburt Mozart's in Salzburg 1856,* Salzburg 1856, S. 19, auch eine Eintragung Nikolaus Joseph von Jacquins, des Vaters, die verlorengegangen sein müßte. (OED)

25. April 1787, Anmerkung: Die nicht eigenhändig geschriebene Quittung, die früher in der Prager Sammlung Fritz Donebauer war, wurde 1963 bei J. A. Stargardt in Marburg versteigert.

Zu Seite 258:

28. Mai 1787, Anmerkung, Zeile 3: statt „Joseph von Barisani" lies „Joseph Barisani" (Dok S. 606) – Zeile 4: Franz Armand d'Ippold, der Mozart vom Tod des Vaters unterrichtete, war einer der Bewerber um die Hand Nannerls. Mozart hatte sich 1781 erboten, sich um eine Stelle in Wien für ihn zu bemühen. (Bauer–Deutsch Nr. 625, 19. 9. 1781)

* Aus dem Protokoll der Grösseren Marianischen Kongregation Salzburg

(1787 Maius 28) Eadem die elatum fuit funus Nob. Domini et dilecti Sodalis nostri Leopoldi Mozart Capellae Vice, ut vacant, Magistri.

Landesarchiv Salzburg, Universitäts-Akten. – Mitgeteilt von Dr. Herbert Klein. – Der Titel des Protokolls lautet: *Protocollum Congregationis majoris Beatae Virginis Mariae in coelos assumptae in universitate Salisburgensis.* (OED) – In dem Album der Mitglieder der Kongregation ist Leopold Mozart schon 1738 unter den Logici verzeichnet („Joan Georg Mozart"). (A. J. Hammerle, *Mozart und einige Zeitgenossen,* Salzburg 1877, S. 11)

Zu Seite 258–259:

6. Juni 1787, Anmerkung, Zeile 9: nach „S. 499" ergänze „und S. 511". (OED)

Zu Seite 259:

28. Juni 1787, Anmerkung, Zeile 1: statt „23. März 1784" lies „13. Juni 1784". (OED) – Bei Roland Tenschert, *Das Stammbuch der Babette Ployer,* in: *39. Jahresbericht der Internationalen Stiftung Mozarteum in Salzburg 1926,* Salzburg 1927, S. 11–16, hier S. 14, ist auch folgende (undatierte) Eintragung Constanzes neben einem kleinen ovalen Sepiabildnis Mozarts abgedruckt: „In der Überzeugung, daß Sie, Liebe Freundin! meines verstorbenen Gemahls unverkennbaren Talente jederzeit nach Verdienst zu schätzen wusten, Füge ich hier zum immerwährenden Andenken seiner und meiner Freundschaft sein Schattenbild bey, und ich bin sicher, das er mir deshalb dort – seinen Bayfall zunückt – Constanze Mozart".

Zu Seite 261:

21. August 1787, Zeile 1: statt „Leopold Mozartische" lies „Leopold Motzartische".

Vgl. Walter Senn, *Zur Erbteilung nach Leopold Mozart,* in: NAMb S. 383–395, hier S. 392.

3. September 1787, Zeile 2: statt „Freund und" lies „Freund, und"; statt „unvermutet" lies „unvermuthet"; Zeile 3: statt „Tod zu verlieren. —" lies „Tode zu verlieren —"; Zeile 5: ergänze „Mozart".

Anmerkung: ergänze „Faksimile in: Jelineks *Salzburger Mozart-Album*... (1871) und in Schiedermairs Mozart-Ikonographie (a. a. O.), Tafel 63". (Deutsch I S. 64) — Mozarts Vermerk ist bei Bauer—Deutsch unter Nr. 1065 abgedruckt.

Zu Seite 262:

15. September 1787, Anmerkung, Zeile 7—8: statt „in der Verwirrung ‚weggeworfen' worden zu sein" lies „verloren gegangen zu sein" — Zeile 10: statt „Friderici" lies „Friederici". (OED)

21. September 1787: Auszug aus dem Sitzungsprotokoll abgedruckt bei Walter Senn, *Zur Erbteilung nach Leopold Mozart*, in: NAMb S. 393 f.

Zu Seite 263:

25. bis 28. September 1787, Anmerkung, Zeile 4: statt „150 fl. 56 kr." lies „1507 fl. 56 kr." (NAMb 1962, S. 395) — Der zwischen Mozart und seiner Schwester vereinbarte Abfindungsbetrag war tatsächlich 1000 fl.; er wird zwar nicht in dem Brief Mozarts an seinen Schwager vom 29. September 1787 (Bauer—Deutsch Nr. 1067) genannt, aber in dem Brief Mozarts an seine Schwester vom 1. August 1787 (Bauer—Deutsch Nr. 1061).

1. Oktober 1787, Anmerkung: Daß Mozarts damals erst dreijähriger Sohn Karl während der Reise seiner Eltern nach Prag bei Heeger in Perchtoldsdorf untergebracht war, ist unwahrscheinlich, eher bei seiner Großmutter Maria Caecilia Weber, die zu jener Zeit schon in der Kärntnerstraße Nr. 1084 gewohnt haben dürfte.

6. und 9. Oktober 1787, Anmerkungen: statt „Zu den drei Löwen" bzw. „Drei Löwen" lies „Zu den drei goldenen Löwen" und statt „Kohlmarkt" lies „Kohlenmarkt".

Zu Seite 264:

10. Oktober 1787: Vor dem Kanzleivermerk „Actum . . ." ist noch folgender Vermerk angebracht: „Praes[entatum] den 20. Oct[obris] 1787. Abzugsgeld von der Verlassenschaft des Leopold Mozart betreffend."

Vgl. Walter Senn, *Zur Erbteilung nach Leopold Mozart*, in: NAMb S. 394.

Zu Seite 265:

* AUS ZINZENDORFS TAGEBUCH, 19. OKTOBER 1787

. . . le soir a l'opera *L'arbore di Diana* . . . Il etoit peu decent pour feter une jeune epouse. A Prague on lui a donné le *Nozze di Figaro* aussi peu decent.

Deutsch II S. 214. — Vicente Martin y Solers Oper *L'arbore di Diana* war am 1. Oktober in Gegenwart des ganzen Hofes erstmals in Szene gegangen. Zinzendorfs Urteil („peu decent") spielt auf die „pikanten, nicht mißzuverstehenden eindeutigen Zweideutigkeiten" im Text an; vgl. Michtner S. 237, 410 Anmerkung 37 (mit Textproben). — Beide Werke wurden zur Vermählung der Erzherzogin Maria Theresia mit dem Prinzen Anton Clemens von Sachsen aufgeführt.

20. Oktober 1787, Anmerkung, Zeile 4—5: Die in Dresden aufgeführte Kantate von Johann Gottlieb Naumann war *La reggia d'Imeneo.*

Zu Seite 266:

Oktober 1787 (Guardasoni), Zeile 2: statt „vivanno" lies „vivranno".

Anmerkung: zu Da Pontes Erinnerungen ist die Seitenzahl „469" zu ergänzen. (Deutsch I S. 64)

Zu Seite 267:

Titel und Innenvermerk des Prager Textbuches: Das in der Anmerkung erwähnte unvollständige erste Textbuch zu *Don Giovanni,* das in Wien für die damals noch auf den 14. Oktober festgesetzte Prager Uraufführung gedruckt wurde, ist das in NMA II/5/17, S. XV, als „W1" bezeichnete Libretto; Faksimile der Titelseite ebendort S. XXVII.

3. November 1787: Zu dem Bericht in der *Prager Oberpostamtszeitung* vgl. Norbert Tschulik, *Neues zur Mozart-Berichterstattung,* in: ÖMZ 31 (1976), Heft 7/8, S. 337–339.

Zu Seite 268:

November 1787, Anmerkung: Der hier erwähnte Komponist heißt Philipp Christoph Kayser. (Siehe oben 22. Dezember 1785)

Zu Seite 269:

* Am 5. Dezember 1787 wird die Deutsche Oper in Wien aufgelöst; Aloisia Lange kommt zum italienischen Opernensemble. (OED)

Zu Seite 269–270:

7. Dezember 1787, Anmerkung, Zeile 11: statt „k.k. Kammer-Kompositeur" lies „k.k. Hof-Musik-Compositor". Als solcher war Mozart der Nachfolger Joseph Starzers mit dessen Besoldung. (Mitteilung Gerhard Croll, Salzburg)

Zu Seite 270:

8. (?) Dezember 1787, Anmerkung, Zeile 2–3: Ob am 6. Dezember 1787 in Prag die (unvollständige!) Messe KV 427 aufgeführt wurde, ist fraglich.

Zu Seite 271:

Dezember 1787: Joseph Haydns Brief an Franz Rott ist bei Bartha unter Nr. 162 (mit einer Nachschrift) abgedruckt.

Zu Seite 271–272:

1787, Anmerkung: Der hier erwähnte Violinist John Abraham Fisher war 1784/85 Gatte der Sängerin Ann Storace. (OED)

Zu Seite 272:

1788, Anmerkung, Zeile 8–9: statt „Gedeon v. Loudon" lies „Gideon Freiherr von Laudon".

Das Kärntnertortheater blieb vom 6. Februar 1788 (nicht „vom 5. Februar 1788") ab geschlossen; am 5. Februar wurde noch das Lustspiel *Irrthum an allen Ecken* von Friedrich Ludwig Schröder gegeben.

Anmerkung: Am 17. und 27. (nicht „am 25.") Juli 1791 wurde dort die Scena drammatica *Pimmalione* von Giambattista Cimador (nicht „Cimarosa") aufgeführt. (Hadamowsky S. 98, Nr. 881)

Zu Seite 273:

AUS ZINZENDORFS TAGEBUCH, 10. FEBRUAR 1788

... chez *l'amb.* de Venise, ou il y avoit grand monde. Un Concert, ou Mandini et la Morichelli chanterent, Mozart et une certaine Muller, fille de Cordonnier toucherent l'un du piano forte, l'autre de la harpe. J'y pris du Spleen.

Deutsch II S. 215.

15. Februar 1788: Das war das Abschiedskonzert Stefano Mandinis, der nach Neapel ging. Mandini wurde stürmisch gefeiert. Zinzendorf berichtet: „... le terzetto des litiganti fut executé a ravir." (*Fra i due litiganti il terzo gode* von Giuseppe Sarti) (Michtner S. 251, 413, Anm. 1)

26. Februar 1788: Ramlers Kantate ist betitelt *Auferstehung und Himmelfahrt Jesu* (siehe Dok S. 446). Vgl. Andreas Holschneider, *G. Ph. E. Bachs Kantate „Auferstehung und Himmelfahrt Jesu" und Mozarts Aufführung des Jahres 1788*, in: MJb 1968/70, S. 264–280. – Anmerkung, Zeile 5: statt „. . . im Palais Pálffy" lies „im anderen Palais Pálffy" (vgl. 16. Oktober 1762). (OED)

7. März 1788: statt „C. P. E. Bach" lies „C. Ph. E. Bach". (OED)

Zu Seite 276:

AUS ZINZENDORFS TAGEBUCH, 7. MAI 1788

. . . a l'opera. *Don Giovanni* la musique de Mozart est agréable et tres variée.

Deutsch II S. 215.

1788/9, Anmerkung, Zeile 1: vor „O. E. Deutsch . . ." ist zu ergänzen: „Paul Stefan, *Don Giovanni*, Wien 1938, S. 65 (Faksimile)". (OED)

AUS ZINZENDORFS TAGEBUCH, 12. MAI 1788

. . . A l'opera. *Don Giovanni.* Me de la Lippe trouve la musique savante, peu propre au chant.

Deutsch II S. 215.

Zu Seite 277:

16. Mai 1788, Anmerkung: Der Kaiser hatte Wien am 29. Februar 1788 verlassen und war am 25. März im Hauptquartier zu Futak eingetroffen (Viktor Bibl, *Kaiser Josef II.*, Wien–Leipzig o. J. [1943], S. 269). Da er keine der Aufführungen der Oper vor dem 16. Mai (7., 9. und 12. Mai) gesehen haben kann, muß sein Urteil auf Eindrücken basieren, die er gelegentlich einer der üblicherweise dreimal wöchentlich stattfindenden Aufführungen von Opernszenen bei Hofe (und zwar vor dem 29. Februar) gewonnen hatte.

18. Mai 1788, Anmerkung, Zeile 5: statt „Alfred Loewenberg, *Annals of Opera*, Cambridge 1949" lies „Loewenberg, a. a. O., S. 101, 212". (OED)

Zu Seite 277–278:

24. Mai 1788, Anmerkung: Zu der Anzeige von Lausch vgl. Christoph Bitter, *Wandlungen in den Inszenierungsformen des „Don Giovanni" von 1787 bis 1928*, Regensburg 1961, S. 60. – Joseph Haidenreich bietet 1796 ein „Fundamento zur Erlernung des Generalbaßes" (sic!) an (KV[6]: Anh. C 30.04). Siehe 13. April 1796. Constanze schickt am 1. März 1800 an Breitkopf & Härtel u. a. einen „Pakken Fundament für den Generalbaß, die er zu seinem eignen und fremden Unterricht aufgesetzt zu haben scheint". (Bauer–Deutsch Nr. 1288) – In Wien ist die der Arie *„Il mio tesoro"* vorangehende Leporello-Arie *„Ah, pietà, signori miei!"* ausgefallen. (OED)

Zu Seite 278:

2. Juni 1788: *Le gelosie fortunate* von Pasquale Anfossi ist in der Wiener Aufführung ein Pasticcio geworden, mit Arien von Alessandri, Cimarosa, Fabrizi, Mombelli, Mozart, Gazzaniga und Sarti, sowie Terzetten von Kürzinger und Tritto. (Michtner S. 266) – Joseph Haydn strich Mozarts Arie für die Aufführung der Oper in Esterháza 1789. (OED)

14. Juni 1788, Zeile 1: statt „Scena" lies „scena". – Zeile 5: statt „via" lies „Via".

Anmerkung: ergänze: „(siehe Michael und Christopher Raeburn, *Mozart's manuscripts in Florence*, in: *Music and Letters* 40 [1959], No. 4, S. 336)". (OED)

15. Juni 1788: ergänze (hinter dem Datum) „?". (Deutsch I S. 64)

Zu Seite 280:

AUS ZINZENDORFS TAGEBUCH, 16. JUNI 1788

... Dela a l'opera *Don Giovanni.* Il fut en robe de chambre, la Taeuberin fesant le rôle de la Monbelli.

Deutsch II S. 215.

18. Juni 1788, Anmerkung: Zu KV 423 und 424 vgl. Nissen S. 476, ferner Dietrich Berke, in: NMA VIII/21, S. VII–VIII.

AUS ZINZENDORFS TAGEBUCH, 23. JUNI 1788

... Le soir je m'ennuyois beaucoup a l'opera *Don Giovanni.*

Deutsch II S. 215.

Zu Seite 282:

AUS ZINZENDORFS TAGEBUCH, 21. JULI 1788

... Le soir au *Prater,* puis a l'opera *Don Giovanni.*

Deutsch II S. 215.

* Am 22. Juli 1788 wird *Figaro* in Karlsbad zur Eröffnung des Stadttheaters gegeben. (OED)

* Am 24. Juli 1788 führt Schikaneder in Regensburg die *Entführung* im Freien auf. (Vgl. 25. April 1787) (OED)

Zu Seite 283:

13. August 1788, Anmerkung: Der Wettstreit zwischen Mozart und Häßler in Dresden findet am 15. April (nicht „am 14.") 1789 statt. (Bauer–Deutsch Nr. 1094, 16. 4. 1789)

Zu Seite 285:

20. August 1788, Anmerkung, Zeile 6: statt „nicht" lies „zeitweilig". (Deutsch I S. 64)

21. August 1788, Anmerkung: Zur Erstaufführung der *Entführung* in Frankfurt durch die „Curkölnische Theatergesellschaft" unter Gustav Friedrich Großmann am 2. August 1783 vgl. MohrFMb S. 63 ff.

Zu Seite 286:

27. September 1788, Anmerkung: Als Alternative zur Klarinette war die Violastimme (nicht „Violinstimme") gemeint. (OED)

Zu Seite 289:

16. Oktober 1788: Theaterzettel der Aufführung der *Entführung* im Königlichen National-Theater in Berlin in MGG I, Sp. 1722. – In einem Brief vom November 1784 (Bauer–Deutsch Nr. 826) an seine Tochter erwähnt Leopold Mozart, „die 2 Baron Fechenbach" hätten das Singspiel in Berlin aufführen sehen. Die *Entführung* ist aber erst 1788 in Berlin gegeben worden, siebenmal bis zum Jahresende. – Friedrich Karl Lippert, der den Belmonte sang, hatte die Rolle am 10. Mai (nicht „am 7.") 1786 in Wien gesungen. 1790 sang er in Berlin den *Don Giovanni* in Friedrich Ludwig Schröders Fassung. 1798 übersetzte er den *Figaro* für die Wiedergabe in Frankfurt (10. Juli). Im gleichen Jahr wurde der *Don Giovanni* in der Übersetzung Lipperts wieder in das Repertoire der Wiener Hoftheater aufgenommen.

AUS ZINZENDORFS TAGEBUCH, 24. OKTOBER 1788

... Dela au Spectacle. *Don Giovanni,* en robe de chambre, la Laschi n'y jouant point.

Deutsch II S. 215. – Luisa Laschi ist die Frau des Sängers Francesco Domenico Mombelli.

29. November 1788, Anmerkung, Zeile 1: vor „S. 276" ergänze „18. Stück". (OED)

Zu Seite 290:

November (?) 1788, Anmerkung, Zeile 8: statt „Siehe 31. Dezember 1788" lies „Siehe 30. Dezember 1788". (OED) – Zum Saal des Restaurateurs Jahn vgl. Rudolf Klein, *Ein Alt-Wiener Konzertsaal (Das Etablissement Jahn in der Himmelpfortgasse),* in: ÖMZ 28 (1973), Heft 1, S. 12–18.

Am 15. Dezember 1788 findet im Burgtheater die letzte Wiener Aufführung des *Don Giovanni* zu Mozarts Lebzeiten statt.

Daß Kaiser Joseph, der am 5. Dezember nach neun Monaten aus dem Türkenkrieg krank zurückgekommen war, diese Aufführung besucht hat, trifft nicht zu. Er schreibt nämlich am 16. Dezember an seine Schwester Maria Christina, er sei „noch nicht im Theater" gewesen. (Adam Wolf, *Marie Christine, Erzherzogin von Oesterreich,* Wien 1863, S. 283)

* Am 15. Dezember 1788 stirbt Carl Philipp Emanuel Bach 74jährig in Hamburg.

AUS ZINZENDORFS TAGEBUCH, 30. DEZEMBER 1788

... Le soir a un Concert chez Jean Eszterh.[ázy] dirigé par le Baron, Acis et Galatée de Hendel.

Deutsch II S. 215. – Bei dieser Aufführung wirkten vermutlich mit: Aloisia Lange, Johann Valentin Adamberger und Ignaz Saal. (Andreas Holschneider, in: NMA X/28/Abt. 1/1, S. XI) – „le Baron" ist Gottfried van Swieten.

Zu Seite 293:

AUS ZINZENDORFS TAGEBUCH, 15. JANUAR 1789

... Chez le grand *Chamberlan.* L'Abbé da Ponte lui parla d'un projet de souscription pour garder ici l'opera Italien, ou tous les ministres etrangers veulent souscrire.

Deutsch II S. 215. – „grand Chamberlan" (Oberstkämmerer) war Graf Rosenberg. Der Kaiser hatte am 29. Juli 1788 aus Semlin an Rosenberg die Weisung gegeben, die Italienische Oper, die für die kommende Spielzeit einen Zuschuß von 80.000 fl. erforderte, einstweilen einzustellen. Hierzu und zu Da Pontes schließlich erfolgreicher Intervention vgl. Michtner S. 270 ff., und Da Pontes Memoiren (*Mein abenteuerliches Leben. Die Memoiren des Mozart-Librettisten,* deutsche Neufassung von Walter Klefisch, in: *Rowohlts Klassiker der Literatur und Wissenschaft.* Biographien Band 6, Hamburg 1960, S. 107 ff.).

18. Februar 1789, Anmerkung, Zeile 1: nach „Spalte 62 f." ergänze „(siehe auch Spalten 86 und 188)". (OED)

* AUS ZINZENDORFS TAGEBUCH, 27. FEBRUAR 1789

... Le soir au Spectacle. *L'ape musicale.* Composé de differens Operas. La Ferraresi y chanta a merveille.

Deutsch II S. 216. – Textbuch in der ÖNB. – Dieses Pasticcio (Text von Da Ponte; Teile aus Opern von Anfossi, Cimarosa, Gazzaniga, Gassmann, Giordani, Martin y Soler, Mombelli, Mozart, Paisiello, Piccinni, Salieri und Tarchi), das im Burgtheater aufgeführt wurde, enthielt (1. Akt, Szene 7) eine Parodie des Duetts Zerlina–Don Giovanni *„La ci darem la mano"* aus dem *Don Giovanni,* gesungen von Luisa Laschi-Mombelli (der ersten Wiener Zerlina) und Francesco Benucci (dem ersten Wiener Leporello). Das Neue lag darin, daß bei jeder Aufführung die Musiknummern ausgetauscht wurden, so daß der Reiz der Neuheit und die Spannung im Publikum erhalten blieben. (Michtner S. 277, 419 Anmerkung 54) – Dieses „Musikalische Lustspiel" in 2 Akten wurde bis zum 13. März sechsmal gegeben und am 24. Januar 1792 in Triest, wo sich Da Ponte damals aufhielt, mit dem Untertitel *Il Poeta Impresario* wieder aufgeführt.

Zu Seite 294:

4. März 1789: siehe oben 27. Februar 1789.

6. März 1789: Bei der Aufführung des *Messias* wirkten als Solisten mit Aloisia Lange, Katharina Altomonte, Johann Valentin Adamberger und Ignaz Saal. (Andreas Holschneider, in: NMA X/28/Abt. 1/2, S. VIII)

17. März 1789: siehe unten 22. März 1789.

Zu Seite 295–296:

21. März 1789, Anmerkung, Zeile 1: statt „Siehe 4. März" lies „Siehe 27. Februar". – Zeile 4: statt „der Arie ‚*Non più andrai*' (*Figaro*, Akt 2, No. 2)" lies „den zwei Arien aus *Figaro*". (OED)

Zu Seite 296:

21. März 1789: Der Brief van Swietens an Mozart ist bei Bauer–Deutsch unter Nr. 1085 abgedruckt.

Am 22. März (nicht „am 17.") 1789 wird Nannerls zweites Kind Johanna geboren. (Erich Valentin, *Das Testament der Constanze Mozart-Nissen, mit biographischen Notizen über Constanze und Georg Nikolaus Nissen*, in: NMJb 1942, S. 144, Anmerkung 49) – Das dritte Kind hieß Marie Babette.

Der Brief Joseph Haydns an Joseph Eybler datiert vom 27. März (nicht vom „22.") 1789 (Bartha S. 200 f., Nr. 117).

Mozarts Wechsel vom 2. April 1789 ist bei Bauer–Deutsch unter Nr. 1087 abgedruckt. Original jetzt bei Jacques Samuel, London.

Zu Seite 297:

Aus Zinzendorfs Tagebuch, 7. April 1789

... Avant 7h. au *Concert chez Jean* Eszterhasy. *Der Meßias*, musique de Haendel. J'y pris un peu d'ennui quoique la musique fut bien belle.

Deutsch II S. 216.

Am 12. April 1789 um 6 Uhr abends treffen Mozart und Lichnowsky in Dresden ein, wo sie im „Hotel de" (nicht „de la") „Pologne" Quartier nehmen.

Am 13. April 1789 gibt Mozart im „Hotel de Pologne" ein Privat-Konzert.

Anmerkung: Naumann widmet (1786?) Josepha Duschek seine Komposition *Aedone und Aedis oder Die Lehrstunde von Klopstock*. (OED)

Am 15. April 1789 (nicht „am 14. April"), nach einem Mittagessen beim russischen Gesandten Aleksandr Michailovič Fürst Beloselskij findet ein Wettspiel mit dem Virtuosen Johann Michael Häßler statt, zunächst in der Hofkirche auf der Orgel und dann beim Gesandten auf dem Klavier. – Am gleichen Tag abends (nicht am 14. April) geht Mozart in die Oper, wo er die Sängerin Rosa Manservisi trifft, die 1775 in der Premiere der *Finta giardiniera* die Sandrina gesungen hatte.

Zu Seite 298:

15. April 1789: Dieser Vermerk (samt Anmerkung) ist zu streichen. (Siehe oben 15. April)

18. April 1789: statt „Hubertusburg" lies „Oschatz".

22. April 1789: Ob Mozarts Orgelimprovisation in Leipzig während des ersten (im April) oder des zweiten Leipziger Aufenthalts (8. bis 17. Mai) stattfand, steht nicht genau fest. Nach MGG III (Sp. 631) traf Mozart mit Doles während beider Aufenthalte zusammen; der Zeitpunkt der Improvisation ist dort offengelassen.

Zu Seite 300:

12. Mai 1789, Anmerkung, Zeile 3: statt *„Ch'io mi scordi dite"* lies *„Ch'io mi scordi di te"*. – Am 21. Februar 1820 spielte Mozarts Sohn Franz Xaver Wolfgang im gleichen Saal dasselbe Klavierkonzert KV 503. (Hummel S. 97–98)

Zu Seite 301:

19. Mai 1789, Anmerkung, Zeile 1 f.: Wahrscheinlich wohnt Mozart in Berlin bei dem Stabstrompeter Möser (nicht „Moser"), dem Vater des Violinisten Karl Möser; jedenfalls beteiligt er sich am Quartettspiel bei Möser. – Um diese Zeit soll in Berlin das Buchsbaumrelief Mozarts von Leonhard Posch entstanden sein. (Hummel S. 268, Anmerkung 154; S. 95–96)

Zu Seite 303:

20. Mai 1789, Anmerkung: Der Vater Johann Nepomuk Hummels, Johannes Hummel, war tatsächlich Musikdirektor im Freihaustheater in Wien. (MGG VI, Sp. 927) – Siehe Dok S. 481–482 (1873); ferner Dieter Zimmerschied, *Mozartiana aus dem Nachlaß von J. N. Hummel*, in: MJb 1964, S. 142–150.

Zu Seite 304:

Am 26. Mai 1789 spielt Mozart vor der Königin (nicht „vor dem König") im Berliner Schloß.

Anmerkung: Ob Mozart einen förmlichen Auftrag zur Komposition von Streichquartetten und Sonaten erhalten hat, ist zweifelhaft. – Möglicherweise sind die von Mozart im Brief vom 23. Mai 1789 (Bauer–Deutsch Nr. 1102) erwähnten „100 friedrichs'Dor" (= 700 fl.) ein Geschenk des Königs gewesen.

Am 28. Mai 1789 verläßt Mozart Berlin und reist nach Dresden, wo er übernachtet, dann nach Prag, wo er am 31. Mai ankommt. Fürst Lichnowsky hatte Mozart Mitte Mai verlassen.

Bauer–Deutsch Nr. 1102 (23. 5. 1789).

4. Juni 1789: Zuverlässige Daten über die Aufenthaltsdauer an den verschiedenen Orten dieser Reise lassen sich nur mit Vorbehalt angeben. Den Briefen zufolge hat sich Mozart mit Sicherheit an folgenden Tagen an den angegebenen Orten aufgehalten:

April 1789	
10. Prag	21. Leipzig
13. Dresden	22. Leipzig
16. Dresden	28. Potsdam
17. Dresden	29. Potsdam

Mai 1789

5. Potsdam	19. Berlin
8. Leipzig	20. Berlin
9. Leipzig	22. Berlin
14. Leipzig	23. Berlin
16. Leipzig	31. Prag
17. Leipzig	

17. Juni 1789: Mozart hat sich am 14. April „in Ihr. Durchl. der Churfürstin Zimmer" hören lassen.

Zu Seite 305:

24. Juni 1789, Anmerkung, Zeile 2: statt „de la Pologne" lies „de Pologne". (Deutsch I S. 64)

* Im Juli 1789 ist Constanze sehr schwer erkrankt; Mozart schreibt an Puchberg, sie erwarte „Besserung oder Tod mit wahrer philosophischer Gelassenheit"; er selbst lebe „in Jammer".

Bauer–Deutsch Nr. 1107 (2. Hälfte Juli 1789).

Sommer 1789: Die Truppe des Johann Georg Wilhelm spielte seit 1784 regelmäßig in Baden, sonst in Wien, u. a. zeitweise im Kärntnertortheater. Aufgeführt wurden hauptsächlich Sprechstücke, aber auch deutsche Opern.

Zu Seite 306:

10. Juli 1789: Ob Aloisia Lange wirklich um diese Zeit in Hamburg die Konstanze sang, ist zweifelhaft. Sie trat nämlich am 15. Juli 1789 in Wien in der Oper *Il falegname* von Domenico Cimarosa in der Rolle der Donna Elena Belfiore auf.

Michtner S. 284.

Zu Seite 306–307:

1. August 1789, Anmerkung, Zeile 3: statt „*Wienerischen Musenalmanach*" lies „*Wiener Musenalmanach*". (OED)

Zu Seite 307:

15. (?) bis 18. August 1789, Anmerkung: Nicht Dr. Nikolaus Closset war der Hausarzt der Mozarts, sondern Dr. Franz Thomas Closset. (Carl Bär, *Mozart. Krankheit—Tod—Begräbnis* [= *Schriftenreihe der Internationalen Stiftung Mozarteum*, Band 1], Salzburg ²/1972, S. 38 ff.)

Zu Seite 308:

Aus Zinzendorfs Tagebuch, 31. August 1789

... A l'opera. Le *nozze di Figaro*. Charmant Duo entre la Cavalieri et la Ferraresi.

Deutsch II S. 216.

Aus Zinzendorfs Tagebuch, 6. September 1789

... De retour en ville a l'opera. I due *Baroni.* mauvais Opera. La Bussani jolie.

Deutsch II S. 216. — Die von Mozart für Louise Villeneuve (La Madama) komponierte Arie (KV 578) wurde an Stelle von Cimarosas Nr. 6 im ersten Akt gesungen. — Dorotea Bussani, geb. Sardi, sang die Sandrina. (Michtner S. 285)

Zu Seite 308–309:

23. September 1789, letzte Textzeile (S. 309): statt „Musikalienhandlungen" lies „Musikalienhandlung". (OED)

Zu Seite 309:

September 1789, Anmerkung, Zeile 1: hinter „King, a. a. O., S. 108 f." schalte ein: „Alan Tyson, *Mozart's piano duet K. 19d: The first English edition?*, in: *Music Review* 22 (1961), S. 222". (OED)

* Am 4. Oktober 1789 wird *Don Giovanni* in Passau deutsch gegeben, unter dem Titel *Don Juan oder Das steinerne Nachtmahl.* (OED)

14. Oktober 1789, Anmerkung: statt „1789/90" lies „1791". (OED)

Zu Seite 313:

31. Oktober 1789, Anmerkung, Zeile 1–2: statt „Loudon (Laudon)" lies „Laudon". (OED)

Zu Seite 314:

9. November 1789: Diese Aufführung besuchte auch der kaum genesene Kaiser Joseph II. – Zinzendorf notiert: „La musique pas mal." (Michtner S. 287, 421, Anmerkung 17)

Der Vermerk zum 30. November 1789 ist auf Seite 315 zu stellen. Die Anmerkung ist zu streichen. (Dok S. 606)

Zu Seite 315:

22. Dezember 1789, Anmerkung, Zeile 10: statt „Mozarts" lies „Mozart". (Dok S. 606)

Zu Seite 316:

27. Dezember 1789, Anmerkung, Zeile 1: statt „ein Jahr zuvor" lies „1784". (MGG VI, Sp. 548) – Zeile 2: statt „Veleger" lies „Verleger". (OED)

31. Dezember 1789, Anmerkung: streiche das Komma nach „eingeladen". (OED)

Zu Seite 317:

6. Januar 1790: Die Vertonungen von Goethes *Veilchen* sind zusammengestellt bei Willi Schuh, *Goethe-Vertonungen*, Zürich 1952, S. 28, Nr. 195. Vgl. auch Franz Grasberger, *Kostbarkeiten der Musik*, 1. Band: *Das Lied*, Tutzing 1968, S. 15 ff. (mit Faksimile des Autographs von KV 476).

Am 21. Januar (nicht „am 20. Januar") 1790 findet die erste Instrumentalprobe zu *Così fan tutte* statt.

Bauer–Deutsch Nr. 1115 (20. 1. 1790). – In der Anmerkung ist das Komma hinter „abholen" zu streichen. (OED)

Zu Seite 318:

26. Januar 1790, Anmerkung, Zeile 1: statt „Ferraresi" lies „Ferrarese". (OED)

Aus Zinzendorfs Tagebuch, 26. Januar 1790

. . . Avant 7[h.] au nouvel Opera. *Cosi fan tutte,* osia *la Scuola degli Amanti.* La musique de Mozart est charmante, et le sujet assez amusant.

Deutsch II S. 216.

Zu Seite 319:

9. Februar 1790: Haydns Brief an M. A. Genzinger ist bei Bartha mit vollständigem Text unter Nr. 142 abgedruckt.

17. Februar 1790, Anmerkung: Ernst Wilhelm Wolfs Singspiel *Die treuen Köhler* stammt von 1772 (MGG XIV, Sp. 717), nicht von 1773. Im gleichen Jahr 1772 erschien auch Justin Heinrich Knechts Singspiel desselben Titels (MGG VII, Sp. 1267). Knechts *Entführung aus dem Serail* stammt von 1787.

Zu Seite 321:

9. April 1790, Anmerkung: Nicht der Feldmarschall Andreas Graf Hadik hatte Aloisia Weber nach Wien gebracht, sondern der kaiserliche Gesandte in München, Adam Franz Graf Hartig. (Joseph Heinz Eibl, *Wer hat das Engagement Aloisia Webers an die Wiener Oper vermittelt?*, in: MJb 1962/63, S. 111–114).

* Aus Zinzendorfs Tagebuch, 1. Mai 1790

. . . au Spectacle, Source de melancolie. Le nozze di Figaro.

Aus Zinzendorfs Tagebuch, 7. Mai 1790

. . . A *l'opera le nozze* di Figaro. Le Duo des deux femmes, le rondeau de la Ferraresi plait toujours.

Deutsch II S. 216. – Das „rondeau" ist „*Al desio di chi t'adora*" KV 577. (Siehe 29. August 1789)

Zu Seite 322:

Am 22. Mai 1790 wird außer dem Streichquartett KV 589, das also zu dieser Zeit bereits vollendet gewesen sein muß, auch KV 575 gespielt. Mozart schreibt in seinem Brief vom 17. Mai 1790 (Bauer–Deutsch Nr. 1125) „meine Quartetten".

30. Mai 1790: Mozarts Zeugnis für Joseph Eybler ist bei Bauer–Deutsch als Nr. 1126 abgedruckt, der vollständige Text des Briefes Haydns an Frau von Genzinger bei Bartha unter Nr. 145, der Entwurf des Gesuchs Mozarts an Erzherzog Franz bei Bauer–Deutsch unter Nr. 1124 (mit Faksimile auf Tafel I in Band IV). – Zu Eybler vgl. Henry H. Hausner, *Joseph Eybler (8. Februar 1765 bis 24. Juli 1846)*, in: MM 13 (1965), Heft 3/4, S. 5–14. – Zum Gesuch an Erzherzog Franz: Ein österreichischer Erzherzog wurde „kaiserliche Hoheit" (nicht „königliche Hoheit") genannt. (Hinweis Walter Senn, Innsbruck)

Zu Seite 323:

13. Juni 1790, Anmerkung: Hinweis auf die Aufführung einer Messe Mozarts in Baden im Brief vom 12. Juni 1790 (Bauer–Deutsch Nr. 1130: „Morgen wird in Baaden ein Amt von mir aufgeführt.").

Der Auszug aus den „Annalen des Theaters" (Berlin 1790) ist auf S. 338 zu transferieren.

Zu Seite 325:

Juli 1790: *Alexanderfest* (recte *Das Alexander-Fest*) und *Cäcilienode* (recte *Ode auf St. Caecilia*) dürften nicht im Sommer 1790, also „bald darauf", aufgeführt worden sein, sondern erst im Winter und zwar entweder zum Namenstag der hl. Cäcilia (22. November) oder in der Weihnachtszeit. (Andreas Holschneider, in: NMA X/28/Abt. 1/3, S. VIII) – Zinzendorf erwähnt Wiener Aufführungen von *Das Alexander-Fest* am 10. März 1771 und am 15. März 1772. (OED)

Zu Seite 326:

* Am 17. September 1790 wird in Frankfurt das Schauspiel *Lanassa* von Karl Martin Plümicke durch die Truppe Johann Böhms aufgeführt; auf dem Theaterzettel ist vermerkt, daß „die Musik von den Zwischenakten und den Chören von dem berühmten Mozart, Verf. der Entführung aus dem Serail" ist.

MohrFMb S. 142. – Es handelt sich um die dem Schauspiel angepaßte *Thamos*-Musik. (Siehe 31. Juli 1773)

* Am 20. September 1790, kurz vor seiner Abreise zu den Krönungsfeierlichkeiten in Frankfurt, besucht Josephs II. Nachfolger Leopold zum erstenmal eine Opernaufführung (Salieris *Axur Re d'Ormus*) im Burgtheater. Zinzendorf notiert in seinem Tagebuch: „. . . Notre roi y arriva quand Axur est sur son trône et fut fortement applaudi."

Michtner S. 315, 425 Anmerkung 41.

Zu Seite 326–327:

29. September 1790, Anmerkung: Daß Mozart zuerst in einem Gasthof in Sachsenhausen abgestiegen ist, schreibt er selbst im Brief vom 28. September 1790 (Bauer–Deutsch Nr. 1135) an seine Frau. Vgl. MohrFMb S. 120–121.

Zu Seite 327:

1. Oktober 1790: Mozarts „Schuld-Verschreibung" ist bei Bauer–Deutsch unter Nr. 1137 abgedruckt. – Im Brief vom 30. September 1790 (Bauer–Deutsch Nr. 1136) ist der Name des Darlehensgebers („H. . . .") nach Bauer–Deutsch (IV, S. 113) „von Mozart selbst punktiert".

Zu Seite 329:

* Aus den « Sankt-Petersburgischen Nachrichten » (Sanktpetersburgskie wedomosti), 15. (4.) Oktober 1790 (Übersetzung)

Frau Schulz, Schülerin des H. Mozart, wird die Ehre haben, am Mittwoch, d. i. am 20. (9.) Oktober, im Anitschkow-Hause ein großes Konzert auf dem Klavier zu geben, wobei sie ein Konzert eigener Komposition und eines von H. Mozart spielen wird.

Mitgeteilt von Boris Steinpress, Moskau. – Am 19. (8.) Januar 1793 kündigte Frau Schulz in den „Moskauer Nachrichten" für den 23. (12.) ein Konzert an, wobei sie sich wieder als Schülerin Mozarts bezeichnete. – Die Daten in Klammern sind die des russischen Kalenders im 18. Jahrhundert. (OED) – „Frau Schulz" dürfte Rosa Cannabich, verh. Schulz, sein, die Mozarts Schülerin in Mannheim 1777/78 war und für die er die Klaviersonate KV 309 (284^b) geschrieben hat. Sie hatte dort am 13. Februar und am 12. März 1778 bei (Privat-)Akademien mitgewirkt.

Zu Seite 329–330:

15. Oktober 1790: In den Zeilen 1, 6 und 7 auf S. 330 ist das (eingeklammerte) Fragezeichen durch „(sic!)" zu ersetzen. – Zum Schloß in Bentheim, an der holländischen Grenze, gehört die alte Burg Steinfurt. (OED)

Zu Seite 330:

20. Oktober 1790, Anmerkung, Zeile 1: statt „Stephan" lies „Stephen". (OED)

Zu Seite 331:

Am 21. Oktober 1790 (nicht „am 22. Oktober") reist Mozart von Mainz nach Mannheim.

Bauer—Deutsch Nr. 1142 (23. 10. 1790).

Zu Seite 332:

26. Oktober 1790: Der Brief O'Reilly's an Mozart ist bei Bauer—Deutsch unter Nr. 1143 abgedruckt.

29. Oktober 1790: Wirt des Gasthofs „Zum schwarzen Adler" war nicht mehr der Mozart aus früheren Jahren bekannte Franz Joseph Albert, der 1789 gestorben war, sondern dessen jüngster Sohn Carl Franz. (Robert Münster, *Zwei verlorene Münchener Mozart-Stätten: Das Haus des Grafen Salern und Alberts Gasthof zum Schwarzen Adler,* in: MM 14 [1966], Heft 1/2, S. 11—15)

Zu Seite 333:

4. oder 5. November 1790, Anmerkung: Ferdinand als König von Neapel der IV., als König beider Sizilien der I. Er kam mit seiner Gemahlin Maria Carolina ebenfalls von der Krönung Leopolds II. (Bruder der Königin) von Frankfurt nach München und reiste nach Wien weiter.

17. November 1790, Anmerkung: Mozart reiste 1790 sicher nicht über Salzburg nach Wien, sondern wie 1781 über Altötting, Braunau und Linz.

24. November 1790, Anmerkung, Zeile 3: statt „Obermarchthal" lies „Obermarchtal". (Dok S. 606)

Zu Seite 334:

14. Dezember 1790, Anmerkung: Am Tage vorher (13. Dezember) war Joseph Haydn von König Ferdinand I. (IV.) von Neapel in Wien (siehe oben 4. oder 5. November 1790) in Audienz empfangen worden und hatte ihm die für ihn komponierten 8 Notturni für 2 Lire organizzate, 2 Klarinetten, 2 Hörner, 2 Bratschen und Baß überreicht. (Leopold Nowak, *Joseph Haydn. Leben, Bedeutung und Werk,* Zürich etc. 1951, S. 385)

Zu Seite 338:

1. Januar 1791, Zeile 1: statt „Stephan" lies „Stephen". (OED)

Anmerkung, Zeile 7: statt „Loudon" lies „Laudon". (OED)

Zu Seite 339:

* Aus dem «Journal des Luxus und der Moden»
Weimar, Februar 1791
(Besprechung des „Don Juan", Berlin, 20. Dezember 1790)

Die Komposition dieses Singspiels ist schön, hie und da aber sehr künstlich, schwer und mit Instrumenten überladen.

S. 76. — Karl Gustav Fellerer, *Zur Mozart-Kritik im 18./19. Jahrhundert,* in: MJb 1959, S. 80 bis 94, hier S. 84. (Deutsch I S. 64)

4. März 1791, Anmerkung: Joseph Bähr (Beer) (1770—1819), der um 1800 mit Beethoven verkehrte und in Diensten des Fürsten Johann Liechtenstein war, ist nicht zu verwechseln mit dem Klarinettisten Johann Joseph Beer (1744—1812). — Es trifft nicht zu, daß Mozart ersteren „aus Paris kannte"; Mozart lehnte es vielmehr ab, ihn kennenzulernen („ein braver Clarinettist, ... aber ein liederlicher socius"), als ihm der Vater ein Empfehlungsschreiben der Prager Sängerin Josepha Duschek an Bähr (damals bei Charles Eugène de Lorraine prince de Lambesc in Diensten) nach Paris schicken wollte. (Bauer—Deutsch Nr. 457, 29. 6. 1778; Nr. 462, 9. 7. 1778)

Zu Seite 340—341:

26. März 1791, Anmerkung, Zeile 1: statt „Joseph Graf Deym von Stritetz" lies „Joseph Nepomuk Franz de Paula Graf Deym von Stržitež". – Zeile 9, 10, 11, 14, 21: statt „Loudon" lies „Laudon". (OED)

Zu Seite 341:

26. März 1791, Anmerkung, Zeile 5: statt „einem Fräulein" lies „Katharina". – Zeile 9: nach „Januar 1933" ergänze „XV, S. 155 ff.". (Hinweis Gerhard Croll, Salzburg)

Zu Seite 342:

Berlin 1791, Zeite 1: statt „Mainz" lies „Mannheim"; Zeile 3: statt „[März]" lies „[Juni]".

Anmerkung: *Don Juan* wurde in Mannheim seit dem 27. September 1789 gegeben. (OED)

Zu Seite 344—345:

16./17. April 1791: Die Namen der Sänger lauten richtig: (Vincenzo) Calvesi und Nencini.

Zu Seite 345:

ca. 25. April 1791, Anmerkung: Der Text von Mozarts Gesuch an den Wiener Magistrat (zu datieren: „vor dem 28. April 1791") ist bei Bauer—Deutsch unter Nr. 1151 abgedruckt.

26. April 1791, Zeile 1: statt „grosse" lies „große"; Zeile 3: statt „Basset-Horn" lies „Basete-Horn".

Anmerkung: Welches die „ganz neue verfertigte große Scene" ist, ist unbestimmt. Weder KV 583 noch KV 528 sind „ganz neu verfertigt", erstere im Oktober 1789, letztere am 3. November 1787 in das *Verzeichnüß* eingetragen. Immerhin ist KV 528 speziell für Josepha Duschek geschrieben und vielleicht bis dahin in Prag noch nicht öffentlich vorgetragen worden. – Zeile 3: hinter „vgl." schalte ein: „9. [?] Februar 1794 und"; nach „1798" ist zu ergänzen: „obwohl Mozart das Textbuch erst Mitte Juli 1791 erhielt". (OED)

27. April 1791, Zeile 1: statt „Loudon-Mausoleum" lies „Laudon-Mausoleum". (OED)

Zu Seite 346:

1. Mai 1791: Zur Aufführung von *Così fan tutte (Liebe und Versuchung)* in Frankfurt vgl. MohrFMb S. 147 ff .

Zu Seite 347:

22. Mai 1791: Das Datum ist zu berichtigen in „21. Mai 1791" (Nr. 41). – Zeile 2: statt „bei Sankt Stephan" lies „bey Sankt Stefan" (vgl. *The Haydn Yearbook / Das Haydn-Jahrbuch*, vol. VIII, 1971). (Hinweis Gerhard Croll, Salzburg)

* Am 6. Juni 1791 speist Mozart mittags mit Franz Xaver Süßmayr im Gasthaus „Zur ungarischen Krone" und geht abends mit Frau von Schwingenschuh ins Freihaustheater. Am 7. Juni speist er mittags bei Schikaneder.

Bauer—Deutsch Nr. 1159 (7. 6. 1791).

Zu Seite 348:

8. Juni 1791, Anmerkung: Constanze hat in Baden nicht Süßmayr „getroffen", sondern Mozart hat ihn am 8. Juni nach Baden mitgenommen. Süßmayr erledigt während des Aufenthalts in Baden mehrere musikalische Aufträge für Mozart. (Bauer—Deutsch Nr. 1173, 2. 7. 1791) – Am 9. Juni ist Mozart in Baden, aber vom 10. bis 15. Juni ist er wieder in Wien.

* Am 10. Juni 1791 kehrt Domenico Guardasoni mit seiner Operntruppe aus Warschau nach Prag zurück.

Volek S. 280.

* Am 11. Juni 1791 komponiert Mozart „aus lauter langer Weile . . . von der Oper eine Arie".

Bauer–Deutsch Nr. 1160 (11. 6. 1791). – Welche Arie der *Zauberflöte* das war, ist nicht festzustellen. – Zum Theaterbesuch an diesem Tag vgl. Henry H. Hausner, *Zur Wiederaufführung von „Kaspar, der Fagottist"*, in: MM 18 (1970), Heft 3/4, S. 18–20.

* Am 15. Juni 1791 fährt Mozart wieder nach Baden und schreibt dort am 18. Juni das *„Ave verum corpus"* KV 618.

Eintragung in das *Verzeichnüß* (Bauer–Deutsch Nr. 1162).

Zu Seite 349:

* Mozart subskribiert 1791 (?) Karl Zulehners Klavierauszug des *Don Giovanni*, der mit italienischem Text um 1792 bei Schott in Mainz erscheint. (OED)

Sommer 1791, Anmerkung, Zeile 5: ergänze nach „überbringen": „und dann nach Bologna, um eine Primadonna und einen ersten Sänger zu engagiern". (OED)

* VERTRAG DER BÖHMISCHEN STÄNDE MIT DOMENICO GUARDASONI
PRAG, 8. JULI 1791

Specificazione de punti, ch'io qui sottoscritto mi obligo di mantenere agli Eccelsi Stati di Boemia, ed'e Siggo dalle presate loro Eccellenze toccante una grand'Opera Seria da rappresentarsi in questo Nazional Teatro in ocasione dell'Incoronazione di S. M. I dentro lo Spazio dell Principio del prossimo Mese di Settembre, quallora mi uenghino graziati ed' accordati Sei mila Fiorini, ou Sei milla cinque cento, qu'allora si fosse il Musico Marchesi.

1mo Io mi obligo di darli un Primo Musico, di prima Sféra, come per esempio, o il Marchesini, o il Rubinelli, o il Crescentini, o il Violani, od altro, ma sempre che sia di prima Sféra.

Come pure mi obligo di darli una Prima Donna, medemamente di prima Sféra, e dicerto la meglio di tal Rango che Sara in Liberta e di impiegare il resto occorrente di mia Compagnia per tale opera.

2do Mi obligo di far comporre la Poesia del Libro, anorma dei due Sogetti datimi da S. E. gran Burgravio e di farlo porre in Musica *da un cellebre Maestro*, in caso però che non fosse affatto possibile di ciò effetuare per la Strettezza del tempo, mi obligo di procurar un Opera nuovamente composta sul Suggetto del Tito di Metastasio.

3zio Mo obligo di far fare espressamente per tale Spettacolo *due Decorazioni nuove.*

Come pure mi obligo di far fare il Vestiario nuovo, ed' in Spezie alle prime Parti per tall opera.

4to Mi obligo di Illuminare e far parare il Teatro con Festoni e montare di tutto detta opera e darla gratis per una Sera a Disposizione dei Sudetti Eccelsi Stati, dentro lo Spazio Sudetto.

Punti esigenti.

1mo Che mi sia improntato *Seicento fiorini* per il mio Viaggio a Vienna, e in Italia, con un ordine qui da un Banchiere per Vienna, e Italia, che mi sia dato occorendo *un paio di mille Fiorini* colà, in caso che li Sogetti cercassero denari anticipati.

2do Che il resto del pagamento mi sia fatto pagare il giorno dell' essecuzione di detta Opera.

3zio Se in Spazio di 14. giorni dal giorno di mia partenza per Italia fosse difesa L'Opera, allora si pagaranno solamente le Spese del Viaggio.

4to Guardasoni aviserà Subito il giorno, nel quale a impegnato un Virtuoso, da questo giorno, se non fosse Opera, questo Virtuoso avrà una Bonificazione, se sarà gia partito d'Italia.

5to Le cose comprate per il denaro speso si devano rendere in natura et quello che non è ancor fermato, contro mandarà, in Caso de la diffesa Opera si darà una remunerazione al Guardasoni se Lei proverà, aver avuto più grandi Spese nell Viaggio que importarà L'anticipatione.

Praga li 8 Lùglio 1791.

Henrico Conte di Rottenhan
Casparo Ermanno Conte Kinigl
Giuseppe Conte di Sweerth
Giovanni Conte Unwerth
Giovanni Baron d'Hennet.

Domenico Guardasoni
Impresario.

Zemský vybor (Staatliches Zentralarchiv Prag, Fond Nationalausschuß, Abt. 84) 84/42, Karton 1188, Nr. 864. – Volek, S. 281–282. – Heinrich Graf Rottenhan war Oberstburggraf in Prag. Nannerl Mozart notiert in ihrem Tagebuch einen Besuch Rottenhans und seiner Gemahlin in Salzburg am 23. Mai 1776. Rottenhan war einer der Subskribenten von Mozarts Mittwoch-Konzerten 1784. – Kaspar Hermann Graf Künigl war Freimaurer. – In dem Vertrag ist Mozarts Name nicht erwähnt; den Auftrag zur Komposition hat Mozart also von Guardasoni und nicht, wie behauptet wird (vgl. Dok S. 354), von den böhmischen Ständen erhalten. Darauf weist schon Volek S. 282 hin.

10. Juli 1791, Anmerkung: Daß Antonie Huber tatsächlich an diesem Tag das Sopransolo in der Messe KV 275 (272^{b}) gesungen hat, geht aus dem zitierten Artikel in der Zeitschrift *Der Aufmerksame*, Graz 18. Januar 1856 (nicht „18. Januar 1858") nicht hervor; vgl. den Wortlaut des einschlägigen Passus bei Hellmut Federhofer, *Mozart-Autographe bei Anton Stoll und Joseph Schellhammer*, in: MJb 1962/63, S. 24–31, hier S. 31, Anmerkung 19. (Hinweis Walter Senn, Innsbruck)

Zu Seite 350:

* BERICHT DES PFALZBAYERISCHEN CENSURCOLLEGIUMS, DIE KOMISCHE OPER « DON JUAN » BETREFFEND

Ad manus Serenissimi Unterth. gehors. Pfalzbayerischer Censur Collegial Bericht dd. 26. July 1791

Durchl. Churf., gn. Herr, Herr!

Wir haben dem Titl Grafen von Seeau die in der letzt verflossenen Woche zur Censur der komischen Oper Don Juan als ärgerlich sub hodj. verbothen, indem dort und da verschiedene Stellen vorkommen, welche jungen leuthen zur ärgerniß anlaß geben. Ja im zweiten Auftritt, Scene 2 fol. 100 kann die Handlung, welche zwischen Don Juan und seiner Geliebten Zerline vorgehet, da er sich mit ihr allein verschließet, sie aber um Hilfe rufet und ihn ein Ungeheuer schilt, nicht andst als ärgerlich: wie die anliegend zurück erbithende Censur weiset, aufgenommen werden, wir hoffen daher rechtgetan zu haben, und empfehlen uns mit aller Ehrfurcht etc. Euer Ch. D. . . .

Frh. v. Schneider, Direktor

* Special Befehl. An das Churfürstliche Censur Collegium allhier. Die Censur der komischen Oper Don Juan betreff. Not. der Churf. Theater-Intendanz. Pressirt.

S[erenissimus] E[lector]

Ihre Chf.D. haben zwar das unterthänigste Dafürhalten dero Censur-Collegiums über die comische Oper Don Juan aus derselben Bericht vom 27ten jüngst Vorigen Monats gndgst ersehen; gleichwie aber höchstdieselbe aus hierzu bewegenden Ursachen gndgst beschlossen haben, die Aufführung sothaner Opern, wie an mehr anderen Orten öfters geschehen, auf allhiesige Bühne gndgst zu gestatten; als wird solches erachten Censur-Collegio zu dem Ende andurch ohnverhalten, um gnädigste Aufführung keine weiteren Hindernisse einzulegen. München den vierten August 1791.

Aus Ihrer Churf.D. Spezialgnädigstem Befehl

Frh. von Hertling

Max Zenger, *Geschichte der Münchener Oper*, hg. von Theodor Kroyer, München 1923, S. 512 f. – Vgl. 7., 23. August, 27. September 1791.

Zu Seite 350—351:

13. August 1791, Anmerkung, Zeile 8—9: streiche „der an diesem Tage schon in Prag war". (OED)

Zu Seite 351:

Am 24. oder 25. August 1791 (nicht „Mitte August") reist Mozart mit Constanze und Süßmayr nach Prag.

Daß Süßmayr die Rezitative des *Titus* schrieb, behauptet zwar Nissen (S. 558), ist jedoch nicht dokumentarisch belegt. (Franz Giegling, in: NMA II/5/20, S. X; ders., *Zu den Rezitativen von Mozarts Oper „Titus"*, in: MJb 1967, S. 121—126)

Zu Seite 352:

28. August 1791: statt „Leopold II." lies „Leopolds II." (OED)

Anmerkung, Zeile 1: nach *„Prager Oberpostamtszeitung"* ergänze „Nr. 764". Vgl. auch Hermann Ullrich, *Die blinde Glasharmonikavirtuosin Marianne Kirchgäßner und Wien . . .*, in: *Jahrbuch des Vereins für Geschichte der Stadt Wien* 21/22 (1965/66), S. 255—291, hier S. 288, Anmerkung 79. (Mitteilung Gerhard Croll, Salzburg)

AUS ZINZENDORFS TAGEBUCH, PRAG, 1. SEPTEMBER 1791

... Avec le M[al] *Lascy et Christian* Sternberg chez le P[ce] Rosenberg ... La musique de Don Juan.

Deutsch II S. 216. – Zinzendorf war zur Krönung nach Prag gereist. – Mit „Lascy" ist der Feldmarschall Moritz Graf Lacy gemeint. Er war zuvor mit dem Kaiser in Pillnitz bei Dresden. – Rosenberg hatte die Kaiserin von Wien nach Prag geleitet.

Zu Seite 353:

2. September 1791, Anmerkung: Von den Sängern der Uraufführung des *Don Giovanni* in Prag (29. Oktober 1787) waren außer Teresa Saporiti (Donna Anna) und Caterina Bondini (Zerlina) 1791 alle in Prag. (Volek S. 283)

Zu Seite 353–354:

Berlin 1791, Anmerkung: Der letzte Satz (in Klammern) ist zu streichen. Zu ergänzen ist: „Johann Gottwerth Müller, genannt Müller von Itzehoe, Verfasser zahlreicher Romane."

Zu Seite 354:

6. September 1791, Anmerkung, Zeile 3 und 4: Zu Schikaneders Brief vom 5. September 1791, der bei Bauer–Deutsch IV (S. 532) abgedruckt ist, vgl. den Auszug aus Ignaz Franz Castellis *Memoiren meines Lebens,* Dok S. 480 f. und Anmerkung dazu. – Der *Titus* wurde am 30. September (vorerst) letztmals in Prag gegeben, weil der Kontrakt mit den italienischen Sängern (Maria Marchetti-Fantozzi, Domenico Bedini) mit diesem Tag ablief. (Volek S. 281 f.)

6. September 1791 (Personenverzeichnis aus dem Textbuch der *Clemenza di Tito*): Der „Sig. Preisig di Coblenz" ist der Theatermaler Johann Breysig (1766 bis 1831), der sich nach einer Lehrzeit in Koblenz einer reisenden Schauspielergesellschaft (wohl der Truppe Guardasoni) angeschlossen hatte. (Thieme-Becker, *Allgemeines Lexikon der bildenden Künstler*) – Anmerkung (S. 355), Zeile 1: Nach „Raeburn" schalte ein: „(*Musica* 1959, S. 158 ff.)"; statt „J. A." lies „Sir Jack A." (OED)

Zu Seite 355:

AUS ZINZENDORFS TAGEBUCH, PRAG, 6. SEPTEMBER 1791

... A 5[h.] au *Théatre de la vieille* ville . . . La Cour n'arriva qu'a 7[h.] 1/2 passé on nous regala du plus ennuyeux Spectacle *La Clemenza di Tito* ... La Marchetti chante fort bien, l'Empereur en est entousiasmé.

Deutsch II S. 217. – Vollständiger Wortlaut der Eintragung (mit Faksimile) bei Joseph Heinz Eibl, *„... una porcheria tedesca"? Zur Uraufführung von Mozarts „La clemenza di Tito"*, in: ÖMZ 31 (1976), Heft 7/8, S. 329–334.

Mitte September 1791: Der Abreisetag Mozarts aus Prag steht nicht fest. Wenn Ignaz von Seyfrieds Angaben (siehe Dok S. 472) richtig sind, dann ist Mozart am 10. oder 12. September in Wien eingetroffen, müßte also am 6. oder 8. 9. von Prag abgereist sein.

Zu Seite 355–356:

15. September 1791, Anmerkung, Zeile 3: statt „eine Tochter" lies „die Tochter Elisabeth". (OED)

Zu Seite 356:

30. September 1791, Anmerkung: Kapellmeister Johann Baptist Henneberg besorgte während des Aufenthalts Mozarts in Prag die Einstudierung der *Zauberflöte.* (Egon Komorzynski, *Johann Baptist Henneberg, Schikaneders Kapellmeister (1768–1822),* in: MJb 1955, S. 243–245)

Zu Seite 357:

Anfang Oktober 1791 fährt Constanze wieder nach Baden zur Kur, begleitet von ihrer Schwester Sophie. Auch Süßmayr ist wieder dort; er begleitet am 11. Oktober den Chorregenten Anton Stoll nach Wien.

Bauer–Deutsch Nr. 1195 (8. und 9. 10. 1791); Nr. 1196 (14. 10. 1791).

Zu Seite 358:

* Aus Zinzendorfs Tagebuch, 8. Oktober 1791

... Mergentheim ... au spectacle. Die Entführung aus dem Serail Mal chanté.

Michtner S. 132, 380 Anmerkung 39. – Mergentheim war der Sitz des Hoch- und Deutschmeisters des Deutschen Ordens, damals Maximilian Franz, Kurfürst von Köln. Im September und Oktober 1791 fand in Mergentheim ein Kongreß des Deutschen Ordens statt, dem der Hochmeister Maximilian Franz präsidierte und zu dem auch Zinzendorf (1770 zum Deutschen Ritter geschlagen) gereist war. Während des Kongresses wurden unter Heranziehung der Bonner Hofkapelle, der damals auch Beethoven angehörte, Singspiele aufgeführt und Konzerte veranstaltet. (Ludwig Schiedermair, *Der junge Beethoven*, Leipzig 1925, S. 212–213)

* Am 10. Oktober 1791 wird in Paris, im Théâtre Feydeau, Giuseppe Gazzanigas Oper *Don Juan Tenorio* aufgeführt; der Kapellmeister Luigi Cherubini fügt einige Stücke aus Mozarts Oper *Don Giovanni* ein. (OED)

* Am 13. Oktober 1791 wird in Weimar die *Entführung* erstaufgeführt.

13. Oktober 1791, Anmerkung, Zeile 5: Caterina Cavalieris Vater, Joseph Carl Cavalier (nicht „Joachim Cavalier"), früher Schulmeister, auch „Musikdirektor im Redoutensaal", war bereits 1787 gestorben. (Dok S. 606)

13. Oktober 1791: Haydns Brief an Frau von Genzinger ist bei Bartha unter Nr. 164 vollständig abgedruckt.

Zu Seite 359:

Am 16. Oktober (nicht „am 15.") 1791 fährt Mozart mit Karl nach Baden, um Constanze heimzuholen.

Bauer–Deutsch Nr. 1196 (14. 10. 1791).

* Am 16. Oktober 1791 veranstaltet der Wiener Klarinettist Anton Stadler in Prag im Altstädter Theater ein eigenes Konzert, bei dem wahrscheinlich Mozarts Klarinetten-Konzert KV 622 uraufgeführt wird. Am 7. Oktober hatte Mozart „fast das ganze Rondò" des Konzerts instrumentiert.

Volek S. 285; Bauer–Deutsch Nr. 1193 (7. und 8. 10. 1791).

* Am 24. Oktober 1791 bringt Goethe in Weimar *L'impresario in angustie* (Diodati/Cimarosa), dessen Text er unter dem Titel *Theatralische Abenteuer* übersetzt hatte, mit sämtlichen Musiknummern von Mozarts *Schauspieldirektor* zur Aufführung.

Michtner S. 424, Anmerkung 19.

* Graf Heinrich Rottenhan über Guardasonis Gesuch um Entschädigung für seinen Verlust an der Oper Titus
Prag, 29. Oktober 1791

Es ist allgemein bekannt, daß wegen der vielen Hof Feste und der Balle und Gesellschaften, die in den Privat Haysern gegeben wurden beyde Theater Entreprenneurs sehr wenig zulauf gehabt haben zeigte sich auch bey Hof wider Mozarts Composition eine vorgefaste Abneigung, allso da die Oper nach der ersten feyerlichen Vorstellung fast gar nicht mehr besucht ward, die ganze Speculation des Entreprenneurs war darauf gebaut, das nebst der bewilligten Gaabe der H. Stände auch die Entrée einen beträchtlichen Beytrag abwerfen wurde, und das hat gänzlich fehlgeschlagen.

Staatliches Zentralarchiv, Prag, Fond Nationalausschuß, Abteilung 84/12, Karton 1176. — Volek S. 284 f. — Deutsch I S. 65. — Der andere Unternehmer war Franz Seconda, der mit seiner sächsischen Schauspieltruppe des Sommers im Thun-Theater spielte. — Guardasoni hatte im September und im Oktober je ein Gesuch an die Böhmischen Stände gerichtet, daß sie einen Verlust an der Oper *Titus* vergüten mögen. Die Mitglieder der Theaterkommission gaben zwischen dem 29. Oktober und dem 10. Dezember 1791 ihre Meinungen darüber einzeln ab. Während Baron Johann Hennet 150 Dukaten vorschlug, bekam Guardasoni endlich nur 15 Dukaten Entschädigung. Graf Johann Polykarp Hartmann erwähnte, daß trotz der Vorbereitungen zum Ball (am 12. September) „selbst die Oper Titus auf dem Theater probiert worden ist", und daß die Dekorationen und Kostüme dem festlichen Anlaß nicht entsprochen hätten. In einem Protokoll-Vermerk (Abteilung 91/3, Karton 1481) wurde Rottenhans Satz über Mozart noch verschärft: „eine vorgefaste starke Abneigung"; sie bezog sich aber nicht auf Mozarts Person, da doch der *Don Giovanni* am 2. September „auf höchstes Verlangen" gegeben worden war.

Zu Seite 360:

Aus Zinzendorfs Tagebuch, 6. November 1791

... A 6^{h} $^{1}/_{2}$ au *Théatre de Starhemberg* au fauxbourg de la Vienne dans la loge de M. et M^{e} d'Auersperg, entendre la 24me representation *von der Zauberflöte.* La musique et les decorations sont jolies, le reste une farce incroyable. Un auditoire immense.

Deutsch II S. 217.

18. November 1791, Anmerkung: Diese in zahlreichen Exemplaren hergestellte Zeitung wurde von Franz Staudinger herausgegeben und erschien vom 1. März 1791 bis 19. Dezember 1793 zweimal wöchentlich. (OED)

Zu Seite 361:

20. November 1791, Anmerkung: Daß Mozart sich an diesem Tag krank zu Bett legte, ist, soweit feststellbar, eine rechnerische Schlußfolgerung aus Nissens Behauptung (Nissen S. 572): „Seine Todeskrankheit, wo er bettlägerig wurde, währte 15 Tage." Anderweitig ist das Datum nicht nachgewiesen.

Zu Seite 361—362:

28. November 1791: Mozarts Ärzte waren Dr. Franz Thomas Closset (damals 37 Jahre) und Dr. Matthias von Sallaba (damals 27 Jahre).

Zu Seite 363:

3. und 4. Dezember 1791: Diese Daten basieren auf Berichten, die mehr als 30 Jahre n a c h Mozarts Tod niedergeschrieben wurden. (Siehe Dok S. 450, 460)

5. Dezember 1791, Anmerkung: Die genaue Todeszeit („den 5ten december 1791. 55 minuten nach Mitternacht") ist durch Nannerls „Aufsatz" von 1792 (Bauer—Deutsch Nr. 1212) überliefert. — Zur Kontroverse um Mozarts Tod vgl. Wilhelm Katner, *Woran ist Mozart gestorben?,* in: MM 18 (1970), Heft 3/4, S. 1—4); Aloys Greither, *Noch einmal: Woran ist Mozart gestorben?,* in: MM 19 (1971), Heft 3/4, S. 25—27; Wilhelm Katner, *Gegendarstellung,* in: MM 19

(1971), Heft 3/4, S. 28–30; Carl Bär, *Replik zum Aufsatz von A. Greither,* in: MM 19 (1971), Heft 3/4, S. 31–32; Johannes Dalchow – Gunther Duda – Dieter Kerner, *Mozarts Tod 1791 bis 1971,* Pähl 1971; Carl Bär, *Mozart. Krankheit – Tod – Begräbnis* (= *Schriftenreihe der Internationalen Stiftung Mozarteum,* Band 1), Salzburg ²/1972.

Zu Seite 367:

5. Dezember 1791, „Stammbuch"-Eintragung, Zeile 3: statt „Gatte; mir" lies „Gatte! mir"; Zeile 5: statt „deß" lies „dieß"; Zeile 11: statt „neé" lies „neè".

Anmerkung, Zeile 2: nach „II, 416" schalte ein: „– Müller von Asow, III 496". (Deutsch I S. 65) – Constanzes Eintragung ist bei Bauer–Deutsch unter Nr. 1204 abgedruckt.

* Aus dem Totenprotokoll, 5. Dezember 1791

Mozart, Wohledler Hr: Wolfgang Amadeus, k.k. Kapellmeister und Kammer Compositeur, verh. von Salzburg gebürtig, ist in kleinen Kaiserh: No. 970 in der Rauhensteingaße, an hizigem Frieselfieber bht. worden. alt 36 Jr.

Archiv der Stadt Wien. – Faksimile bei Dalchow–Duda–Kerner, a. a. O., bei S. 152. – „bht" = beschaut.

Aus Zinzendorfs Tagebuch, 5. Dezember 1791

... Tems doux. Trois ou quatre brouillards par jour depuis quelque tems.

Deutsch II S. 217.

Zu Seite 368:

6. Dezember 1791: Karl Pfannhauser (*Epilegomena Mozartiana,* in: MJb 1971/72, S. 268–312, hier S. 290) rekonstruiert Mozarts Leichenzug vom 6. (7.?) Dezember wie folgt. „Um etwa 14.30 Uhr wurde Mozarts Leiche vom Trauerhause in der Rauhensteingasse gehoben, in dem bereitstehenden Leichenwagen gebracht und sodann nach Sankt Stephan geführt, wo die verschiedentlich genannten Trauergäste bereits gewartet hatten. An der Dom-Nordseite im Bereich des mehrfach als ‚Kruzifix-Kapelle' bezeichneten alten Grufteinganges (bzw. auch der Wohnung der Totengräber gegenüber) wurde der Sarg auf eine Bahre gelegt; dort könnte auch die erste, die sogenannte ‚Haus'-Einsegnung von dem mit Kreuzträger und mit Ministranten entgegenkommenden Priester vorgenommen worden sein. Das würde die sonst ganz merkwürdige Version erklären, daß Mozart an dieser Stelle im Freien eingesegnet worden sei. Dann formierte sich der kleine Trauerzug ins Dom-Innere, vielleicht durch das nördliche, dem Fürsterzbischöflichen Palais gegenüberliegende ‚Mesner-Tor' wahrscheinlich in die danebenliegende wirkliche ‚Kreuz-Kapelle', wo die Kirchen-Einsegnung erteilt wurde. Nach Abschluß der Zeremonie formierte sich der kleine Zug zurück zur Kapistran-Kanzel, wo der Leichenwagen gewartet hatte, um den Sarg zum letzten Weg nach dem Sankt-Marxer-Friedhof aufzunehmen." – Constanze versucht ihr Verhalten in ihrem Brief vom 14. November 1841 (Bauer–Deutsch Nr. 1472) folgendermaßen zu erklären: „Weil nach dem damaligen Gebrauche die Verstorbenen nur mit dem Todtenwagen abgeholt, zur Einsegnung in die Kirche geführt, und dann ohne Weiteres zu Grabe gebracht wurden, so geschah es leider, daß Niemand von Mozarts Bekannten und Freunden die Leiche begleitete, und es daher unmöglich wurde von irgend Jemand eine Auskunft über die Beerdigungsstelle zu erhalten. Meinem allzu großen Schmerze und meiner Jugend wird man die Nachsicht schenken, daß ich bei dem meine ganze Natur erschütternden und meine Sinne betäubenden Unfalle nicht daran dachte, die Stelle des Grabes bezeichnen zu lassen." – Vgl. auch Dalchow–Duda–Kerner, a. a. O., V. Kapitel: *Die Begräbnis- und Grabfrage.*

6. Dezember 1791, „Totenbuch"-Eintragung: vgl. Karl Pfannhauser, a. a. O., S. 288 mit einem Auszug der „Stolgebühren-Ordnung".

Aus Zinzendorfs Tagebuch, 6. Dezember 1791

... Tems doux et brouillard frequent.

Deutsch II S. 217.

Zu Seite 369:

6. Dezember 1791, Anmerkung: Franz Hofdemels Frau hieß Maria Magdalena, geb. Porkorny, der am 10. Mai 1792 geborene Knabe Johann Alexander Franz.

* Aus der «Wiener Zeitung», 7. Dezember 1791

Barometerstand

Tag	8 Uhr früh		3 U. nachmittags		10 U. abends	
Den	Zoll	Lin.	Zoll	Lin.	Zoll	Lin.
4	27	6 1/2	27	5 2/3	27	5 1/2
5	27	7 1/2	27	8	27	7

Reaumur'scher Thermometerstand

	Grad	Grad	Grad
4	3–	4 1/2	2 1/2
5	2–	3 1/2	3–

Anzeige des Windes

4	–	Nord klein	–
5	–	Windstill	–

Nr. 98, Anhang, S. 3129. – Ein Wiener Zoll hatte 12 Wiener Linien; 1 Wiener Linie entspricht 2,195 mm.

Zu Seite 371–372:

11. Dezember 1791: Das Pensionsgesuch Constanze Mozarts ist bei Bauer–Deutsch unter Nr. 1205 abgedruckt. Vgl. Joseph Heinz Eibl, *Zum Pensions-Gesuch Konstanzes vom 11. Dezember 1791*, in: MM 14 (1966), Heft 3/4, S. 4–8. – Die Formulierung dürfte von Johann Thorwart stammen. – Anmerkung, Zeile 5: statt „Sozietäts-Kasse" lies „Societäts-Kasse". (OED)

Zu Seite 374:

* Aus der «Wiener Zeitung», 14. Dezember 1791

Barometerstand

Tag	8 Uhr früh		3 U. nachmittags		10 U. abends	
Den	Zoll	Lin.	Zoll	Lin.	Zoll	Lin.
6	27	7 1/2	27	7	27	8

Reaumur'scher Thermometerstand

	Grad	Grad	Grad
6	2 1/2 ober 0	3 ober 0	3 ober 0

Anzeige des Windes

6	Windstill	Windstill	Windstill

Nr. 100, Anhang, S. 3193. – In den Aufzeichnungen der Wiener Sternwarte ist die Temperatur um 8 Uhr früh mit 2,6 Grad angegeben, und für den ganzen Tag ein schwacher Ostwind notiert.

* Aus der «Prager Oberpostamts-Zeitung», 17. Dezember 1791

Prag am 15. Dezember

Gestern wurde hier in der Nicolai-Kirche eine feierliche Todeszeremonie für den in Wien gestorbenen Mozart abgehalten, die dem vorzüglichen Virtuosen, wie auch dem Orchester in Prag, welches der gleiche gegründet hat, so auch allen unseren berühmten Musikern, welche dabei teilgenommen haben, würdig war. Der Anfang der Feierlichkeit wurde bekanntgegeben durch Glockengeläute, und die Menschen strömten in solch einer Menge herbei, dass weder die Kirche noch der daneben liegende so genannte Welsche Platz alle aufnehmen konnte. Ein Requiem wurde von 120 Personen unter Leitung von der sehr bekannten Sängerin Frau Duschek danach so grossartig aufgeführt dass Mozarts Geist in Elysium sich darüber freuen müsste. Mitten in der Kirche stand eine meisterlich eclairierte „Castrum doloris". Drei Chöre, Pauken und Trompeten liessen sich in gedämpften Ton hören. Die Seelenmesse wurde von Herrn Pfarrer Silcher [Fischer?] gehalten. Zwölf Gymnasiasten in Trauerflor und mit weissem Tuche in den Händen trugen Fackeln. Während der Ceremonie herrschte eine tiefe Stille und tausend Tränen flossen für unseren Mozart, der durch seine himmlische Harmonie so oft unsere Herzen gerührt und mit zärtlichen Gefühlen erfüllt hat. Sein Verlust ist nicht zu ersetzen. Es gibt und es wird immer Meister der Musik geben, aber einen Meister über alle Meister hervorzubringen — dazu braucht die Natur Jahrhunderte. Sein schaffender Geist entschleiert sich in seinen Werken, seine unerreichte Größe in der Kunst beweisen sogar seine Feinde (denn wie kann so ein Mann ohne Feinde sein?), die ihm doch nur einen einzigen Fehler schuldig machen können, ein Fehler den sie ihm eher beneiden hätten müssen, nämlich daß er zu reich an Gedanken war. Wenn nur der unvergeßliche Mann einen seiner Freunde als Erbe dieses Fehlers eingesetzt hätte. Alles was er schrieb trägt den deutlichen Stempel der klassischen Schönheit. Deshalb behagte er jedes Mal noch mehr, weil die eine Schönheit sich aus der anderen entwickelte, deshalb wird er auch ewig behagen da er immer neu erscheinen wird; Vorteile die einem Klassiker gehören. Oder beweisen dies nicht seine Opern? Und hört man sie nicht zum achtzigsten Male mit dem gleichen Vergnügen wie zum ersten Male?

Mitgeteilt von C.-G. Stellan Graf Mörner (†). — Übernommen von *Stockholms-Posten*, 5. Januar 1792. — Vgl. *Wiener Zeitung*, 24. Dezember 1791. — Norbert Tschulik, *Neues zur Mozart-Berichterstattung*, in: ÖMZ 31 (1976), Heft 7/8, S. 337–339.

Zu Seite 375:

* Aus dem «Heimlichen Botschafter», Wien, 18. Dezember 1791

An Stelle des verstorbenen Kapellmeisters und Kammerkompositeurs Mozart haben Seine Majestät Herrn Kockzeluit mit einem Gehalt von 2000 Gulden in Anbetracht seiner Fähigkeiten und sonstigen guten Einsicht angestellt.

Gefunden von Richard Smekal in einem sonst unbekannten Exemplar dieser handschriftlichen Zeitschrift (nicht in dem der Österreichischen Nationalbibliothek Wien enthalten); veröffentlicht von Albert Wilhelm in: *Das kleine Volksblatt*, Wien, 8. Januar 1961. — Deutsch I S. 66. — Der Name Kozeluchs ist hier korrumpiert; er wurde übrigens nicht angestellt.

20. Dezember 1791: Der vollständige Text des Briefes Joseph Haydns an Frau von Genzinger ist bei Bartha unter Nr. 167 abgedruckt.

21. Dezember 1791, Anmerkung, Zeile 1: vor „Abert II, 850" ergänze „Stadtarchiv Wiener Neustadt". (OED) – Constanze leugnet später, Eybler die Handschrift anvertraut zu haben. (Bauer–Deutsch Nr. 1419, 4. 7. 1827)

Zu Seite 377:

28. Dezember 1791: Der Brief Constanze Mozarts an Luigi Simonetti ist bei Bauer–Deutsch unter Nr. 1206 abgedruckt. – Es ist zu vermuten, daß Simonetti im Auftrag des Kurfürsten Maximilian Franz bei Constanze angefragt hatte.

Zu Seite 379:

30. Dezember 1791, Anmerkung, Zeile 2–3: Kurfürst Maximilian Franz hatte sich seit 6. November in Wien aufgehalten und offenbar kurz nach dem 5. Dezember vom Tode Mozarts erfahren.

Zu Seite 382:

Januar 1792: Joseph Haydns Brief an Johann Michael Puchberg ist bei Bartha unter Nr. 168 abgedruckt. – Niemetschek berichtet am 21. März 1800 an Breitkopf & Härtel: „von den zwei Söhnen Mozarts kann ich ihnen alles sagen, da der größere Karl mehr als 3 Jahre in meinem Zimmer schlief und unter meine Aufsicht stand . . . der kleinere Wolfgang war als 6jähriges Kind 1/2 Jahr bei meiner Frau, solange noch Mad. Mozart ihre Reise in Norddeutschland machte." (Wilhelm Hitzig, *Die Briefe Franz Xaver Niemetscheks und der Marianne Mozart an Breitkopf & Härtel,* in: *Der Bär,* Jahrbuch von Breitkopf & Härtel auf das Jahr 1928, Leipzig 1928, S. 101 bis 116, hier S. 110)

* Aus «Stockholms-Posten», 2. Januar 1792
(Übersetzung)

Wien, den 14. Dezember (1791)

Der verstorbene Mozart hatte für seine ökonomischen Umstände die Sorglosigkeit, welche leider so oft mit großen Genien verbunden ist. Die Witwe dieses Mannes, der allgemein bewundert worden ist und der, außer Einkünften von der Stephans-Kirche und der Hofkapellmeisterstellung, Schüler nur aus dem vornehmsten und reichsten Adel gehabt hat, und der überdies von seinen so sehr berühmten Arbeiten Reichtümer hätte sammeln sollen und sammeln können, die Witwe dieses Mannes seufzt mit mehreren unversorgten Kindern unter der Schwere der Schulden und Armut – auf einem Strohbett. Um ihren verstorbenen Mann begraben zu können, ist sie dazu gedrängt worden, für 10 Gulden seine Uhr zu verpfänden. Wer erinnert sich nicht hiebei Händels?

Mitgeteilt von C.-G. Stellan Graf Mörner (†). – Zur angeblichen Verpfändung der Uhr siehe 13. Dezember 1791. (Dok S. 373)

Zu Seite 386:

18. Februar 1792: Vgl. dazu Vorwort zur 3. Auflage des *Köchel-Verzeichnisses,* abgedruckt: KV^6, S. XXV ff., hier S. XXVIII. – Siehe 4. März 1792. – Die Vermutung Alfred Einsteins (Vorwort zu KV^3, S. XXVI), daß sich unter den acht angekauften Werken auch die „Linzer" Sinfonie KV 425 befand, hat viel für sich. (Friedrich Schnapp, in: NMA IV/11/8, S. VIII, Anmerkung 13)

Zu Seite 387:

25. (?) Februar 1792, Anmerkung: Wranitzkys Oper *Oberon, König der Elfen* wurde auch am 15. Oktober 1790 in Frankfurt zum Abschluß der Krönungsfeierlichkeiten Leopolds II. aufgeführt (MGG XIV, Sp. 882). Ob Mozart sie dort gehört hat, steht nicht fest.

Zu Seite 388:

* VERPFLICHTUNGS-ERKLÄRUNG DES GESANDTEN KONSTANTIN PHILIPP WILHELM FREIHERRN VON JACOBI-KLOEST, 4. MÄRZ 1792

Endes unterzeichneter macht sich hiermit gegen die Frau Konstantia Wittwe Mozart geborene Weber in beßter Form Rechtens verbindlich von den ihr abgekauften Stücken: La Betulia liberata, ein Oratorium, und zwey Lytanien de Corpore Christi: die mitgegebenen Original Partituren nach genommener Abschrifft wieder in derselben Hände zurückzustellen. So geschehen Wien den 4ten März 1792

p Baron Jacobi K
Preusischer Gesandter am
k.k. Hof

Hierdurch cedire ich in beßter Form Rechtens die Forderung, welche ich aus obenstehendem Scheine habe, an den Herrn Johann André zu Offenbach am Mayn, welcher mir sie abgekauft hat.

Wien den 1. Januar 1800 Constance Mozart

NB Copiatur der 4 Stücke	40 f–
für das Requiem	450
	490 f–

Bauer–Deutsch Nr. 1207; Erstdruck: *Mitteilungen der Mozartgemeinde Berlin,* 1897, 4. Heft. – Faksimile bei Johannes Dalchow – Gunther Duda – Dieter Kerner, *Mozarts Tod 1791–1971,* Pähl 1971, S. 96. – Der Schreiber des faksimilierten Exemplars der Verpflichtungserklärung und des Vermerks (links unten) läßt sich vorerst nicht zweifelsfrei bestimmen. Die Abtretungserklärung ist von Nissen geschrieben und von Constanze (original) unterschrieben. – Das Oratorium ist *Betulia liberata* KV 118 (74[c]); die Litaneien sind KV 125 und 243. – Leopold Mozart (wohl zusammen mit Wolfgang) hatte den Gesandten während seines Aufenthalts in Wien im Februar 1785 getroffen. (Bauer–Deutsch Nr. 848, 21. 2. 1785) – Die Abtretung des Herausgabeanspruchs erfolgte im Zusammenhang mit dem Verkauf von Mozarts musikalischem Nachlaß an André. (Siehe Dok S. 528 ff.)

Zu Seite 389–390:

12. März 1792, Anmerkung: Nachfolger Mozarts als Kammer-Kompositeur wurde Anton Teyber mit Wirkung vom 1. März 1793 mit 500 fl. Jahresbesoldung. Leopold Anton Kozeluch versah ab 12. Juni 1792 die von Mozarts Amt unabhängige, mit 1500 fl. Jahresbesoldung dotierte Doppelfunktion eines Kammer-Kapellmeisters und Hofkompositors. (MGG XIII, Sp. 270; VII, Sp. 1660)

Zu Seite 390:

12. März 1792, Zeile 1: statt „Exhibirende" lies „Exhibierende". (OED)

Zu Seite 395–398:

24. April 1792: Schachtners Brief an Maria Anna von Berchtold ist bei Bauer–Deutsch unter Nr. 1210 abgedruckt (in orthographischen Details abweichend). – Anmerkung (S. 398), Zeile 3: statt „um 1880" lies „1891". (OED) – Schachtner könnte nur als der „vermutliche" Librettist der *Zaide* bezeichnet werden. Vgl. Walter Senn, *Mozarts „Zaide" und der Verfasser der vermutlichen Text-Vorlage,* in: *Festschrift Alfred Orel zum 70. Geburtstag,* Wien–Wiesbaden 1960, S. 173 ff.; Friedrich-Heinrich Neumann, *Zur Vorgeschichte der Zaide,* in: MJb 1962/63, S. 216 bis 247. (Hinweis Walter Senn, Innsbruck)

Zu Seite 398–405:

Frühjahr 1792: Nannerls „Aufsatz" ist bei Bauer–Deutsch unter Nr. 1212 abgedruckt (in orthographischen Details abweichend). – Nannerls „Aufsatz" ist in der Hauptsache eine Zusammenstellung von Auszügen aus Leopold Mozarts Briefen (vor allem an Johann Lorenz Hagenauer), die (in Abschrift) um diese Zeit in ihrem Besitz gewesen sind. Die meist wörtlich übernommenen Passagen ermöglichen es, festzustellen, um welche Briefe es sich handelt. – Anmerkung (S. 405), Zeile 1: statt „von Nissen" lies „von anderer Hand". – Zeile 2: statt „der die" lies „die die". – Zeile 10: hinter „Erinnerungen" ergänze: „(S. 426)". (Dok S. 606)

Zu Seite 405–406:

15. Mai 1792, Anmerkung: Zum Mozart-Denkmal Franz Deyerkaufs in Graz vgl. Nissen Anhang S. 176–177; Otfried Hafner, *Franz Deyerkauf, Initiator des ältesten Mozart-Denkmals der Welt,* in: MM 24 (1976), Heft 1/2, S. 7–16. – Zur Mozart-Büste im Park von Tiefurt: vgl. Nissen, Anhang S. 176. Das Denkmal ist entworfen von Heinrich Meyer, dem „Kunscht-Meyer". Das Klauersche Original ist in der Tat nicht mehr vorhanden. Das heute im Park von Tiefurt stehende, „Mozart und den Musen" gewidmete Denkmal (*Goethe. Neue Folge des Jahrbuchs der Goethe-Gesellschaft,* 33. Band 1971, Tafel) ist eine vor 1844 vorgenommene originalgetreue Nachbildung in Sandstein (mehrmals restauriert). (Mitteilung Helmut Holzhauer †) – Zur Mozart-Gedenkstätte in Rovereto: vgl. Nissen, Anhang S. 177–178. Giuseppe Antonio Bridi (1763 bis 1836), *Breve notizie intorno ad alcuni più celebri compositori de musica e cenni sullo stato presente del canto italiano,* Rovereto 1827 (über Mozart S. 45–62). (Hinweis Walter Senn)

Zu Seite 406:

* Am 3. August 1792 wird in Berlin *Così fan tutte* aufgeführt (bearbeitet), unter dem Titel *Eine macht's wie die Andere oder Die Schule der Liebenden.* Die Aufführung hatte keinen Erfolg und wurde nach 8 Vorstellungen (die letzte am 8. Juli 1793) vom Spielplan abgesetzt.

Rudolf Elvers, *Die bei J. F. K. Rellstab in Berlin bis 1800 erschienenen Mozart-Drucke,* in: MJb 1957, S. 152–167, hier S. 161.

Zu Seite 406–407:

11. August 1792, Anmerkung, Zeile 1: „Die Messen waren wahrscheinlich . . . KV 427": KV 427 kommt nicht in Frage, weil unvollendet, eher KV 275. (Hinweis Walter Senn, Innsbruck)

Zu Seite 408:

* Am 25. Oktober 1792 wird in Prag die *Zauberflöte* erstaufgeführt (erste Aufführung der Oper außerhalb Wiens).

Arthur Schurig, *Wolfgang Amadeus Mozart,* Leipzig 1913, Band II, S. 271; Volek S. 387.

29. Oktober 1792: Faksimile der Stammbuch-Eintragung Graf Waldsteins bei Erich Valentin, *Beethoven,* München 1957, S. 37.

Zu Seite 408–409:

November 1792: Der Komponist der Arie hieß Bernardo Mengozzi, nicht „Mengazzi". (Deutsch I S. 66)

Zu Seite 409:

AUS ZINZENDORFS TAGEBUCH, 2. JANUAR 1793

. . . Le soir chez la *Pesse* *Schwarzenberg,* de la chez la vieille Princesse *Colloredo* ce qui me fit manquer le requiem de Mozart.

Deutsch II S. 217. – Die Uraufführung des *Requiem* fand an diesem Tage statt. Vgl. Constanzes Brief vom 17. November 1799 (Bauer–Deutsch Nr. 1267) und Nissen S. 579.

Zu Seite 410:

* AUS ZINZENDORFS TAGEBUCH, 19. FEBRUAR 1793

... Diné ... chez le P^{ce} *Schwarzenberg* ... charmante musique apres le diner de Mozart. *Die Zauberflöte.*

Deutsch II S. 217. — Fürst Joseph Johann Nepomuk Schwarzenberg war der älteste Sohn des Fürsten Johann Nepomuk. (OED)

* Im März 1793 wird im Palais Dietrichstein in Wien Händels *Alexander-Fest* in Mozarts Bearbeitung aufgeführt. Aus diesem Anlaß komponiert Joseph Haydn einen Chorsatz hinzu.

Andreas Holschneider, in: NMA X/28/Abt. 1/3, S. VIII.

* Am 18. Mai 1793 kündigt Artaria die Streichquintette KV 593 und 614 in der *Wiener Zeitung* mit der Bemerkung an, daß diese beiden Quintette „auf eine sehr thätige Aneiferung eines Musikfreundes" entstanden seien. Der Titel der im Mai 1793 bei Artaria erschienenen Erstausgabe trägt den Vermerk „composto per un ongarese".

Ernst Hess und Ernst Fritz Schmid, in: NMA VIII/19/Abt. 1, S. XI. — Siehe 11. Dezember 1791, Anmerkung.

* Am 11. Juli 1793 wird in München zum erstenmal die *Zauberflöte* aufgeführt, mit Johanna Antoine als Königin der Nacht; sieben Wiederholungen.

Max Zenger, *Geschichte der Münchener Oper,* München 1923, S. 66.

22. Oktober 1793, Anmerkung, Zeile 2: statt „von Giovanni de Gamerra (siehe 26. Dezember 1772)" lies „von Scipione Piattoli". (OED nach Willi Schuh)

14. Dezember 1793, Anmerkung: streiche „nach E. I. [recte J.] (*Schweiz. Musikzeitung,* Zürich, Dezember 1951) aber auf dem gräflichen Gute Stuppach im Süden von Niederösterreich" (OED) — Es fand am 12. Dezember nur eine Probe statt. — Vgl. Otto Erich Deutsch, *Zur Geschichte von Mozarts Requiem,* ÖMZ 19 (1964), Heft 2, S. 49—60.

* AUS ZINZENDORFS TAGEBUCH, 29. DEZEMBER 1793

... Chez la *Baronne* [Reischach]. *Chotek y vint. Il avoit* son Dryden en poche avec *cette Ode sur* Ste *Cecile,* qu'on a executé hier d'apres la Musique de Hendel.

Deutsch II S. 217. — Simon Thaddäus Freiherr von Reischach war Minister des Staatsrats in inländischen Geschäften. — Johann Rudolph Graf Chotek war Leiter der Finanz-Hofstelle. — Die Ode ist Mozarts Bearbeitung von Händels Werk.

1793, Anmerkung: Constanze Mozart war mit dem Nekrolog „nicht zufrieden". (Bauer—Deutsch Nr. 1228, 27. 10. 1798) — Als 1794 in Graz ein Nachdruck desselben erschien, kaufte sie alle 600 Exemplare auf. (Bauer—Deutsch Nr. 1253, 13. 8. 1799) — Vgl. Friedrich Schlichtegroll, *Mozarts Leben,* Graz 1794; Faksimile-Nachdruck, hg. von Joseph Heinz Eibl (*Documenta Musicologica,* Erste Reihe: Druckschriften-Faksimiles XXXII), Kassel etc. 1974.

Zu Seite 411:

9. (?) Februar 1794, Anmerkung, Zeile 8: streiche Komma nach „*Non*". (OED)

* Am 14. Februar 1794, dem Sterbetag der Gräfin Walsegg (siehe 14. Dezember 1793), wird das *Requiem* in der Patronatskirche des Grafen Walsegg zu Maria-Schutz am Semmering aufgeführt.

Zu Seite 411–412: 1794

Anton Herzog, *Wahre und ausführliche Geschichte des Requiem ...*, zitiert bei Otto Erich Deutsch, *Zur Geschichte von Mozarts Requiem*, in: ÖMZ 19 (1964), Heft 2, S. 49–60, hier S. 57.

* Aus Zinzendorfs Tagebuch, 16. Februar 1794

... Diné chez la Pesse *Schwarzenberg* ... Jolie musique de la *Zauberflöte*.

Deutsch II S. 217.

Zu Seite 412:

* Am 27. April 1794 wird der *Schauspieldirektor* im Ständetheater in Prag durch die Schauspiel- und Singspielgesellschaft Franz Spenglers aufgeführt.

Volek S. 388.

* Aus dem «Journal des Luxus und der Moden», Weimar, August 1794 (Über den Erfolg und die Breitenwirkung der *Zauberflöte* in ganz Deutschland)

... indessen zweifle ich doch daß beyde Stücke [in England die *Beggar's-Opera* und in Frankreich Beaumarchais' *Mariage de Figaro*] so allgemeine Sensation bey ihren Nationen gemacht, und auf so unzähliche Art produzirt, geformt, gestutzt, gebraucht und gemißbraucht, bearbeitet, gemodelt, parodirt, nachgeahmt und verhunzt worden sind, als Mozarts Zauberflöte in Teutschland. Sie ist nun schon seit einem Paar Jahren daher auf allen Bühnen und Buden, wo es nur noch anderhalb Kehlen, ein Paar Geigen, einen Vorhang und sechs Coulissen gab, unaufhörlich gegeben worden, hat die Zuschauer viele Meilen weit in die Runde, wie die Zaubertrommel eines Schamanen die Zoben an sich gezogen, und die Theater-Cassen gefüllt. Für unsre Notenstecher und Musikhändler war sie eine wahre Goldgrube von Potosi; denn sie ist in allen Noten-Offizinen theils ganz, theils en hachis in einzelnen Arien und Fragmenten, im Clavier-Auszuge, mit oder ohne Gesang variirt und parodirt, gestochen und geschrieben herausgekommen, und auf allen Messen und Jahrmärckten zu haben. Unsern Stadpfeifern, Prager-Musikanten, Bänkelsängern und Marmotten-Buben, hat sie Brod und Verdienst gegeben, denn auf allen Messen, in Bädern, Gärten, Caffeehäusern, Gasthöfen, Redouten und Ständchen, wo nur eine Geige klingt, hört man nichts als Zauberflöte, ja sie ist sogar auf alle Walzen der Dreh-Orgel und Laterne-Magique verpflanzt worden. Sie liegt auf allen Klavieren unsrer lernenden und klimpernden Jugend; hat unsren großen und kleinen Buben Papageno-Pfeifchen, und unsern Schönen neue Moden, Coeffüren und Stirnbänder, Müffe und Arbeitsbeutel à la Papagena gegeben; uns schon mit einem jungen Ableger, den die allezeitfertige liebe teutsche Nachahmungssucht davon gemacht hat, der Zauber-Cither. beschenkt: — kurz eine allgemeine Bewegung, Thätigkeit, Lüsternheit und Genuß in Teutschland hervorgebracht. Wenn ein Gegenstand dieß bey einer ganzen Nation bewürket, so kann man ihn gewiß für eins der würksamsten Gährungsmittel halten, das die Göttin-Mode zuweilen in den lange ruhenden Stoff der Gehirnmasse der armen Sterblichen tröpfelt, um ihn einmal wieder in Bewegung zu setzen, und ihn nicht in eine gänzliche Atonie versinken zu lassen.

Neunter Band, Jahrgang 1794, S. 364. — Katallog der Ausstellung „Goethe als Theaterleiter" (München) 1973, S. 130, Nr. 247.

* Aus dem «Allgemeinen Europäischen Journal», 1794

Die Operngesellschaft ist nicht zahlreich, und hat kein Mitglied von ausgezeichnetem Talent oder sehr bekanntem Namen. Die bessern Sänger unter den weiblichen: Mad Campi als Primadonna, und Madem. Strenasachi; unter den Männern: Hr. Bassi und Campi, beide Bassisten. Die übrigen sind unbedeutend, oder gar unter dem Mittelmäßigen. Der Unternehmer ist Hr. Guardasoni.

Mad. Campi hat sich eigentlich in Prag gebildet; ihre Stimme ist hell, rund und stark. Wenn sie damit etwas mehr und bessere Akzion, eine einfachere Methode im Vortrage, und mehr Geschmack im Anzuge (der sicher nichts Unwesentliches ist) — verbände, so wäre sie eine vortreffliche Theatersängerin. Aber sie folgt, leider! der verderblichen Mode der italienischen Sänger, die den Mangel der Kunst durch einen Schwall von Trillern, Wirbeln und Passagen decken müssen, um nicht in ihrer Blösse dazustehen. Als 2te Sängerin, da die vortreffliche Danzy in Prag war, sang sie ungleich besser, und man muß es wahrhaftig bedauern, daß sie sich zu dieser Geschmacklosigkeit verführen läßt. Beinahe alle übrigen Mitglieder leiden am nämlichen Fehler, am meisten der erste Tenorist, Hr. Baglioni. Dieser Sänger gieng vor einem Jahre von der Gesellschaft ab, und hielt sich einige Zeit in Italien auf; hier sammelte er nur alle Unarten der italienischen Künstler und Nichtkünstler emsig auf, und so begabt kehrte er zum Hrn. Guardasoni zurück. Er spricht keine Note so aus; wie sie der Kompositeur gesetzt hat und haben wollte, ersäuft den schönsten Gedanken in seinen wälschen Sprüngen und Trillern, und läßt uns sein einförmiges Herumschlagen mit den Händen für Akzion gelten, so daß man Noth hat, die Arie zu erkennen, wenn er sie singt. Freilich bedarf er solcher Schnörkel, um seine mangelhafte Stimme, die mehr ein *mezzo basso* ist, zu bedecken: aber weil Hr. Baglioni seine Arien in Mozarts *Cosi fan tutte* nicht aussingen kann, soll er deshalb die Arien ja nicht für schlecht geschrieben ausgeben; denn der grosse Mozart, dessen Geist allerdings für faselnde Wälsche zu unverständlich ist, hat sich Hrn. Baglioni bei seiner Arbeit sicher nicht zum Maßstabe genommen! Hr. Bassi ist ein recht braver Schauspieler, aber kein Sänger, denn er hat das erste Requisit dazu nicht — die Stimme! Ich wünschte ihm diese zu seinen übrigen Vorzügen, dann würden wir keinen bessern *Don Giovanni,* Almaviva und Axur uns wünschen können, welche Rollen er unvergleichlich spielt. Er hat den besten Geschmack unter allen seinen Mitbrüdern, und erkennt die Vorzüge der deutschen Künstler: alle die Jahre seines Engagements in Prag behält er die Gunst unsres Publikums, und verdient sie . . .

Er studirt überhaupt zu wenig den Geschmack der Böhmen, läßt sich vom italienischen Vorurtheil und von den Einblasungen gewisser Leute irre führen, denen sein Vortheil eben so wenig als der gute Geschmack am Herzen liegt. Was in Wien oder Italien gefällt, wird deshalb nicht auch zu Prag gefallen! Unser Publikum entfernt sich zwar — (Dank sey es der Zauberzyther, dem Sonntagskind u.) — von seinem vorigen richtigen und soliden Geschmacke immer mehr und mehr, und naht sich mit starken Schritten dem feinen Gefühl des Vaterlandes jetztgenannter erhabenen Meisterstücke des Witzes und der Musik: aber so verderbt ist es gewiß noch nicht, daß es allen Sinn für das wahre Schöne und Grosse verloren hätte! Warum nähret nicht Hr. Guardasoni diese ehrwürdigen Reste durch solide Kost? Warum sträubt er sich und ist karg bei der Produkzion Mozartischer Stücke? Warum hält er sein Personale nicht zu mehr Respekt gegen das Publikum an, d. h. zu einer fleißigen Darstellung der Meisterstücke Mozarts und andere ächten Tonkünstler. Es ist wirklich zum ärgern, wie nachläßig fast alle Sänger, vorzüglich in den Mozartischen Opern, ihre Schuldigkeit thun, und wie verwegen sie die Geduld des Publikums auf die Probe setzen. Am meisten gilt das von der Cosi fan tutte und von Don Giovanni. Freilich können es die Italiener diesen unsterblichen Meisterstücken nicht vergeben, daß sie Pflanzen des deutschen Bodens und in einem körnigten Stile geschrieben sind; daher thun sie auch redlich das Ihrige sie zu vereckeln, und ihre von der ehemaligen Kunst ausgeartete Produkte unsern Ohren aufzudringen.

Ferner beobachtet Hr. Guardasoni niemals die notwendige Bedingung des Gefallens — die Abwechslung. Wenn eine Opera gefällt, so läßt er sie so lange fortspielen, d. h. bei der bekannten Indolenz seiner Sänger so lange verderben, bis sie uns zum Eckel werden muß. Das gilt wieder meistens von den Werken Mozartischer Muse. Er merkt es doch selbst an seiner Kasse, wie es zugeht, wenn eine Oper von Mozart durch eine lange Zeit nicht gegeben wurde; und da Italiener bei solchen Gründen sehr gelehrig und nachgiebig seyn sollen, so muß man sich wundern, warum Herr Guardasoni diese Beobachtung sich nicht längst zur Maxime gemacht hat?

Eine von den Hauptursachen des geringen Glückes der italienischen Oper ist die deutsche Schauspielergesellschaft des Hrn. Spengler. Diese verlegt sich größtentheils auf Singstücke, wenigstens sind zwei Drittheile ihrer Vorstellungen deutsche Operetten. Es ist ganz natürlich, daß ein deutsches Publikum bei dieser Konkurrenz, wo der gute Geschmack sehr wenig in Rücksicht kommt, immer lieber das Deutsche wählt, weil es dieses versteht, und eben darum sich besser unterhält.

Der grossen Haufen — (der Zirkel der Kenner ist klein) — will nachtrillern, und auch hierin findet er seine Befriedigung bei dem Deutschen besser, als bei der italienischen Oper. Denn die Gassenhauer einer Müllerschen *Farçe* taugen doch ganz gewiß besser dazu, als die im höhern Stil geschriebenen Arien der italienischen Oper.

Dies macht, daß bei dem vortrefflichsten Orchester, bei einem Gesange, der trotz der Mängel immer unendlich besser ist, als das heisere Geschrei der deutschen Gesellschaft, die Oper nicht viel Unterstützung findet, und mit Kaltsinn behandelt wird.

Zu den besten Vorstellungen, die uns diese Gesellschaft gab, gehören folgende Meisterstücke:

Axur, worin Hr. Bassi in der Rolle des Axur als Schauspieler in seiner Sphäre ist. Die Rolle scheint für ihn gemacht zu seyn! Er ist unter dem zahlreichen Heer italienischer Operisten eine seltne Erscheinung — indem er ein guter Akteur ist, und seine Rolle nicht nur zu singen, sondern auch zu spielen weiß. Auch die *Zauberflöte* gab diese Gesellschaft italienisch. Wenn ihr ja irgend eine Vorstellung gut gelungen ist, so war es gewiß diese Oper. Alle Sänger sind hier an ihrer Stelle, und geben sich noch immer viele Mühe. Auch Dekorazionen und Chöre haben die Würde und Pracht, die dem Stücke angemessen ist; selbst die Rezitative, die statt des deutschen Dialogs gemacht wurden, erheben das Ganze ungemein. Man muß gewiß Hrn. Guardasoni für den Einfall danken, daß er dieses mit Recht so bewunderte Meisterwerk auf seine Bühne brachte; denn hier waren wir Prager endlich so glücklich, es gut und mit der nöthigen Genauigkeit und Pracht vorgestellt zu sehen. Mad. Campi als Königin der Nacht singt die zwei Bravourarien, die Mozart nur für die Kehle seiner Schäckerin geschrieben zu haben scheint, mit Beifall, und Dem. Strenasachi taugt für die Pamina vorzüglich gut. Hr. Bassi als Papageno spielt mit Laune, ohne in pöbelhafte Spasmachereien zu fallen. Hr. Campi als Sarastro singt mit Würde; mehr Simplizität und das Weglassen der unnöthigen Schnörkel bei Mozarts einfachem Gesange würde noch mehr Würde geben. In der Arie: „In diesen heiligen

Hallen," merkt man den Mangel der Tiefe bey seinem sonst guten Basse zu sehr. Kurz, die Vorstellung dieser Oper ist ein *Chef d'œuvre* der Guardasonischen Gesellschaft. Das Prager Publikum hat es auch erkannt, und sieht sie nach so oftmaliger Wiederholung immer noch sehr gerne. Jedesmal, wenn sie gegeben wird, ist das Haus viel völler, als bei andern Opern; bei den ersten vier Vorstellungen war es gedrängt voll.

Endlich muß man noch mit Dank und Lob der Vorstellung der *Clemenza di Tito,* von Mozart, Erwähnung machen. Dieses letzte Werk *(Die Zauberflöte war schon fertig, als Mozart bei der Krönung Leopolds in Prag den Titus schrieb, wenigstens spielte er die meisten Stücke daraus seinen Freunden am Klavier. Man irrt also, wenn man die Zauberflöte den Schwanengesang Mozarts nennt.)* der dramatischen Musik Mozarts, welches er zu dem Krönungsfeste des höchstsel. Kaisers Leopold II. in Prag schrieb, gehört unter seine größten Meisterstücke. Es wurde zur Krönungszeit als Freioper und dann einigemal noch gegeben; aber da es das Ungefähr so haben wollte, daß ein elender Kastrat und eine mehr mit den Händen als der Kehle singende Primadonna, die man für eine Besessene halten mußte, die Hauptparten hatten; da der Stoff zu simpel ist, als daß er eine mit Krönungsfeierlichkeiten, Bällen und Illuminazionen beschäftigte Volksmenge hätte interessiren können, und da es endlich — (Schande unserm Zeitalter) — eine ernsthafte Oper ist, so gefiel sie minder im Allgemeinen, als sie es vermög ihrer wahrhaft himmlischen Musik verdiente. Es ist eine gewisse griechische Simplizität, eine stille Erhabenheit in der ganzen Musik, die das fühlende Herz leise, aber desto tiefer trifft; die zu dem Karakter des Titus, den Zeiten und ganzen Sujet so richtig paßt, und dem feinen Geschmacke Mozarts, so wie seinem Beobachtungsgeiste, Ehre macht. Dabei ist der Gesang durchgängig, vorzüglich aber im Andante, himmlischsüß, voll Empfindung und Ausdruck, die Chöre pompös und erhaben; kurz, Glucks Erhabenheit ist darin mit Mozarts origineller Kunst, seinem strömenden Gefühle und seiner ganzen hinreissenden Harmonie vereinigt. Unübertreffbar, und vielleicht ein *non plus ultra* der Musik, ist das letzte Terzett und Finale des ersten Akts. Die Kenner sind im Zweifel, ob Titus nicht noch sogar den *Don Giovanni* übertreffe. Dieses göttliche Werk des unsterblichen Geistes gab uns Hr. Guardasoni am 3ten Dezember d. J. bei gedrängtvollen Hause und unter dem ungetheiltesten Beifalle des Publikums; er hat dadurch die langen Wünsche aller Kenner und Schätzer des wahren Schönen erfüllt, und ihren vollkommensten Beifall erhalten. Möchte er doch reichlich für dieses Vergnügen unterstützt, und seine Kasse gefüllt werden! Die Sängerin Strenasachi, welche die Part des Kastraten in der Rolle des Sesto als Mann singt, zeichnet sich am meisten durch guten Gesang und ein ächtes Spiel aus, und kein Anwesender wird anstehen, ihr den Vorzug vor dem verstümmelten Menschen zu geben, dessen unförmliche Fleischmasse uns , so oft er auftrat, erschreckte, und zu seiner Bastardstimme sich so komisch verhielt!

Unter den übrigen Stücken, die diese Gesellschaft seither gab, gefiel am meisten die Oper *Fratelli rivali,* vom Kurf. baierschen Kapellmeister Hrn. Winter. Sie hat auch in Venedig das vorige Jahr Beifall erhalten, und verdient ihn. Hr Winter hat sich Mozart zum Muster gewählt, und lieferte im gegenwärtigen Stücke einen lieblichen Abdruck des Mozartischen Geistes. Er ist gegenwärtig in Prag, und komponirt für Hrn. Guardasoni eine neue Oper; wir wünschen, daß er seinen Ruhm damit vermehre.

Eine neue Oper, die in Wien so sehr gefallen haben soll: Die Zwey Bucklichten, ist hier ganz gefallen; eben so wenig Beifall erhielt die Prinzessin Amalfi von Weigel.

Im Grunde hat keine Oper, seit Mozartische existieren, im eigentlichsten Sinn des Wortes, ihr Glück gemacht; selbst die zwei von dem Wiener Kompositeur Hrn. Sießmeyer nicht ausgenommen, der auf seinen wahren Lehrer Mozart schimpft, ihn aber doch abschreibt. Hr. Guardasoni muß also; von Figaro an, alle Opern Mozarts wiederholen. *Don Giovanni* wird am öftesten gespielt. k.

Band II, Oktober/Dezember 1794, S. 564 ff. – Christopher Raeburn, *Mozarts Opern in Prag,* in: *Musica,* 13 (1959), S. 158–163 (hiernach zitiert). – Antonia Campi, geb. Miclascewicz (1773 bis 1822), seit 1790 in Prag; heiratet 1791 Gaetano Campi. – Teresa Strenasacchi (1767 bis 1830), seit 1793 in Prag. Luigi Bassi (1766–1825), der erste Don Giovanni. – Margarethe Danzi, geb. Marchand (1768–1800), Schülerin Leopold Mozarts von 1781 bis 1785; heiratete 1790 den Komponisten Franz Danzi; beide zeitweilig bei Guardasonis Truppe. – Antonio Baglioni, der erste Don Ottavio. – *Axur, Re d'Ormus,* Oper von Da Ponte/Salieri. – *Kaspar der Fagottist oder Die Zauberzither,* Singspiel von Perinet/Müller. Mozart besuchte am 11. Juni 1791 eine der Aufführungen im Leopoldstädter Theater in Wien. – *Das neue Sonntagskind* von Perinet/Müller. – Die Truppe Spenglers wechselte mit der Guardasonis im Nationaltheater ab. – Wenzel Müller (1767–1835), Komponist, hauptsächlich von Singspielen, die meist im Theater in der Leopoldstadt in Wien aufgeführt wurden, dessen musikalischer Direktor Müller war. – „Schäckerin": Schwägerin (Josepha Hofer, geb. Weber). – Der „Kastrat" ist Domenico Bedini, die „Primadonna" Maria Marchetti-Fantozzi. – *I Fratelli rivali* von Peter von Winter, 1794 in Prag. Die „neue Oper", die Winter für Guardasoni schrieb, dürfte *Ogus o Il trionfo del bel sesso, ossia Il tartaro convinto in amore* (Text von Giovanni Bertati) sein (1795 in Prag uraufgeführt). – Die *Zwey Bucklichten: Le confusioni della somiglianza,* Commedia per musica von Cosimo Mazzini, Musik von Marco Portogallo. (Uraufführung im Burgtheater in Wien am 28. Juni 1794) – (Die vorstehenden Anmerkungen basieren auf Christopher Raeburn, a. a. O.)

13. Dezember 1794, Zeile 5: statt „Metastsische Oper" lies „Metastasische Oper". (OED)

Zu Seite 413:

24. Dezember 1794, Anmerkung, Zeile 4–6: Constanzes damalige Wohnung: Krugerstraße Stadt Nr. 1074 (nicht „1046"; siehe Dok S. 527!). 1798 wohnt sie „im Judengässel N:o 535 im 2ten Stock" (Bauer–Deutsch Nr. 1226, 1. 9. 1798), d. i. auch die Wohnung Nissens.

Zu Seite 414:

18. März 1795, Anmerkung, Zeile 3: statt „Vitellio" lies „Vitellia". (OED) – In der Akademie hat auch Beethoven gespielt, wahrscheinlich Mozarts Klavierkonzert KV 466. Eduard Wlassack (*Chronik des k.k. Hof-Burgtheaters,* Wien 1876, S. 98) zitiert aus dem verlorenen Programm: „Nach der ersten Abtheilung wird Herr Ludwig van Beethoven ein Concert auf dem Clavier von Mozart's Composition spielen." (Deutsch I S. 66)

Zu Seite 415:

* Aus Zinzendorfs Tagebuch, 30. März 1795

... Me Mozart *a passé a ma porte* pour me prier de venir demain a son Concert.

* Aus Zinzendorfs Tagebuch, 31. März 1795

... Le soir au Concert *pour la veuve Mozart.* on y donna en Oratoire La Clemenza di Tito. Le Lustre fait un bon effet au Theatre.

* Aus Zinzendorfs Tagebuch, 5. April 1795

... Au *Concert de Haendel der Meßias dans la maison* du Pce de Paar.

* AUS ZINZENDORFS TAGEBUCH, 9. APRIL 1795

... Avant 6^{h} 1/2 dans la maison de Stockhammer a entendre une Comedie allemande d'un certain Steinsberger ..., intitulée *Menschen und Menschen Situationen.* Il y a 14 acteurs ... Me Mozart ...

Deutsch II S. 217—218. — Gräfin Maria Theresia Stockhammer, geborene Komtesse Hartig, unterhielt damals ein angesehenes Privattheater, wo Amateur-Schauspieler auftraten, diesmal auch Constanze Mozart. — Karl Franz Goulfinger Ritter von Steinsberg war ein Theaterdichter. (OED)

* Anfang Mai 1795 wird in München *Così fan tutte* unter dem Titel *Die Wette oder Weibertreue keine Treue* erstaufgeführt; nur eine Wiederholung.

Max Zenger, *Geschichte der Münchener Oper,* München 1923, S. 67,

4. September 1795: Text der Ankündigung bei Peter A. Walner, *Die Erstaufführungen von Mozart-Opern in Graz und Mozarts Beziehungen zu Graz,* in: MJb 1959, S. 287—299, hier S. 293. (Deutsch I S. 66)

Am 9. September 1795 erscheint im *Gratzer Frauen-Journal* die unterm Juli 1795 (S. 526—527) abgedruckte „Ankündigung" Constanzes (Peter A. Walner, a. a. O., S. 287 f.). (Deutsch I S. 66)

Zu Seite 416:

Herbst 1795, Anmerkung: Auf ihrer Konzertreise wohnt Constanze in Leipzig fünf Wochen im „Hotel de Saxe", dessen Besitzer Ernst keine Bezahlung von ihr annimmt. (Bauer—Deutsch Nr. 1256, 28. 8. 1799; siehe 16. [?] April 1796; ferner Nissen S. 614)

* Am 18. Oktober 1795 wird in Innsbruck im K.K. Hof- und Nationaltheater die *Zauberflöte* wiederholt.

Weitere Aufführungen: 29. April, 3. Juni, 25. Juli, 4. September 1798; 7. März, 21. August 1799; 20. August 1800; 22. Oktober 1801; 3. April 1804. (Mitteilung Walter Senn, Innsbruck)

11. November 1795, Anmerkung: Im Dezember 1795 und im Januar 1796 sind die drei Reisenden in Hamburg; vgl. Constanzes Briefe vom 11. Dezember 1795 (Bauer—Deutsch Nr. 1216) und vom 12. Januar 1796 (Bauer—Deutsch Nr. 1217).

* PAUL WRANITZKY AN GOETHE, WIEN, 28. NOVEMBER 1795

Herr Küstner in Franckfurth mein Freund hat mir die angenehme Nachricht mitgetheilt, daß E.E. ein Sujet zu einer Oper verfertiget haben, da nun das Opernbüchl von so einer vortrefflichen Meisterhand nicht anders, als vortrefflich seyn kann; die hiesige Direction aber einen Mangel an guten Bücheln hat, ich vor allem mir nichts sehnlichster wünschte, als ein Sujet zu bearbeiten von dessen Schönheit ich voraus überzeügt bin, so nehme ich mir die Freyheit, mich an Dieselbe zu wenden und zu fragen, ob Sie selbes der hiesigen Direction anvertrauen wollen. ... Es würde mich unaussprechlich freün eine Oper eines so würdigen Mannes in Musick sezen zu können. ...

* GOETHE AN PAUL WRANITZKY, WEIMAR, 24. JANUAR 1796

Aus beiliegendem Aufsatz werden Sie sehen, was von dem Texte der Oper, wonach Sie sich erkundigen, erwartet werden kann. Ich wünschte bald Nachricht von Ihnen zu hören, ob der Theaterdirektion meine Bedingungen angenehm sind? Da ich denn bald Anstalt machen würde, meine Arbeit zu vollenden. Es sollte mir sehr angenehm sein, dadurch mit einem so geschickten Manne in Konnexion zu kommen. Ich habe gesucht, für den Komponisten das weiteste Feld zu eröffnen und von der höchsten Empfindung bis zum leichtesten Scherz mich durch alle Dichtungsarten durchzuwinden. ...

Der große Beyfall, den die Zauberflöte erhielt, und die Schwierigkeit ein Stück zu schreiben das mit ihr wetteifern könnte, hat mich auf den Gedanken gebracht aus ihr selbst die Motive zu einer neuen Arbeit zu nehmen, um sowohl dem Publiko auf dem Wege seiner Liebhaberey zu begegnen, als auch den Schauspielern und Theater-Direktionen die Aufführung eines neuen und complicirten Stücks zu erleichtern. Ich glaubte meine Absicht am besten erreichen zu können indem ich einen zweyten Theil der Zauberflöte schriebe, die Personen sind alle bekannt, die Schauspieler auf diese Charaktere geübt und man kann ohne Übertreibung, da man das erste Stück schon vor sich hat, die Situationen und Verhältnisse steigern und einem solchen Stücke viel Leben und Interesse geben. ...

Damit dieses Stück sogleich durch ganz Deutschland ausgebreitet werden könnte, habe ich es so eingerichtet, daß die Decorationen und Kleider der ersten Zauberflöte beynahe hinreichen um auch den zweyten Theil zu geben. ...

* PAUL WRANITZKY AN GOETHE, WIEN, 6. FEBRUAR 1796

Ihrer k.k. Theatral-Hof Direction schäzze sich glücklich, ein Deütsches Opernbuch von Ihrer vortrefflichen Dichtkunst zu besitzen, so sehr sie auch bedaurt, daß dieses Buch gerade der 2te Theil der Zauberflöte seyn solle: Die Zauberflöte ist hier in einer Vorstadt unter einem privat Unternehmer Schikaneder aufgeführt worden, und wird noch zuweilen gegeben. Die k.k. Direction kann sich dahero nur sehr hart entschliessen, den 2ten Theil eines Süjets zu geben, wovon sie den 1ten nicht gab, um nicht zu scheinen, daß sie mit Schikaneder rivalisiren, oder seine Zauberflöte zu drucken, oder ihm etwas nachzuaffen wolle. Was übrigens das Buch der Schikanedrischen Zauberflöte anlanget, das dürfte wohl sehr mittelmäßig seyn, da Vulpius sich nothgedrungen fand auf das Süjet und Musick andre Worte zu machen. Ihr 2ter Theil kann nun nicht anders, als außerordentlich schön seyn, wie es einem Manne von Ihrer Kraft allerdings zu erwarten ist.

Da nun ich, was meine Person anbetrift, keinen sehnlicheren Wunsch habe, als den, ein Operbuch von Goethe, dessen Geist ich eben so sehr verehre als bewundere, in Musik zu setzen, so habe ich Sie hiemit ersuchen wollen, ob etwan nicht durch eine kleine Umänderung des Costumes oder des Personale dem Buche ein anderes Aussehen gegeben werden könnte, weil man hier auch dem Componisten den billigen Vorwurf machen würde, als wollte er mit Mozarth sich messen. ...

Goethe und Österreich. Briefe mit Erläuterungen, 2. Theil, hg. von August Sauer, Weimar 1904, S. 3 ff. – Der Schriftwechsel betrifft Goethes 2. Teil der *Zauberflöte.* Das Projekt kam nicht zustande, wohl u. a. wegen der unterschiedlichen Honorar-Vorstellungen Goethes einerseits und der Hoftheater-Direktion andrerseits; Goethe forderte 100 Dukaten, die Direktion bot 25 Dukaten. – „Herr Küstner in Franckfurth" ist wahrscheinlich der Kaufmann Johann Heinrich Küstner, mit dem Goethe in Leipzig verkehrt hatte. – Christian August Vulpius, der spätere Schwager Goethes, hat eine Bearbeitung des Schikanederischen Textes der Mozartschen *Zauberflöte* geliefert, in der er u. a. die Königin der Nacht zur Schwägerin Sarastros macht, der dem frommen Tamino ihr Königtum zuwenden will, das eigentlich ihm selbst zustehe. Vgl. Hermann Abert, *W. A. Mozart*, Teil II, Leipzig 7/1956, S. 627, Anmerkung 2.

Zu Seite 417—418:

28. Februar 1796, Anmerkung, Zeile 3–4: statt „Ludwig Karl" lies „Johann Ignaz".

11. März 1796 (S. 418): statt « MAGYAR HIRMONDÓ » lies « MAGYAR HÍRMONDÓ ». (OED)

13. April 1796, Anmerkung: siehe 24. Mai 1788, Anmerkung; ferner Nissen S. 671; Hellmut Federhofer, *Mozart als Schüler und Lehrer in der Musiktheorie*, in: MJb 1971/72, S. 89–106, hier S. 100 f. – Die Generalbaßschule erschien 1817, nicht „1818", in Wien; weitere Ausgaben siehe KV⁶: C 30.04. (Hinweis Walter Senn, Innsbruck)

Zu Seite 419:

25. April 1796, Anmerkung, Zeile 1: A. E. Müllers Frau hieß Elisabeth Catharina. – Zeile 2: nach „Vortrag" ergänze „(1795)".

Zu Seite 420:

28. Dezember 1796: Bauer–Deutsch Nr. 1220. – Anmerkung, Zeile 3: streiche „in der Ankündigung". – Zeile 5: nach „zweifelhaft" schalte ein: „Im Dezember 1795 und im Januar 1796 war Constanze in Hamburg." und nach „Aufenthalt" ergänze „noch". – Zeile 9: streiche „und aus Deutschland erst nach Graz reiste, bevor sie nach Wien zurückkehrte". (OED)

* Anfang 1797 sucht Constanze bei der Niederösterreichischen Landesregierung um die Bewilligung einer Akademie im Burgtheater nach, wird aber am 6. April von der Polizeihofstelle an den Kaiser verwiesen.

Walter Goldinger, *Archivalisch-genealogische Notizen zum Mozartjahr*, in: NAMb 62/63 (1962) S. 84.

* AUS ZINZENDORFS TAGEBUCH, 24. MÄRZ 1797

... Le soir apres 6^h. chez Schwarzenberg ou il y avoit le *Concert de Haendel: Acis et Galathée*. La musique chantante, les paroles de Dryden traduites par Alxinger. Melle *Gerhardi*, Spangler, un inconnu fit le rôle de Damon. Grand monde.

Deutsch II S. 218. – Zu Fürst Schwarzenberg siehe 19. Februar 1793. Zu *Acis und Galathea* siehe 20. Dezember 1788. – Johann Baptist Alxinger hatte den Text von John Gay (nicht von Dryden) für van Swieten übersetzt. – Christine Gerhardi (Gerardi), später (20. 8. 1798) verehelichte Frank, war damals eine beliebte Oratoriensängerin in Wien. Ignaz Georg Spängler war Tenorist der Hofkapelle, ebenso später ein Ignaz Spangler. Galathea ist ein Sopran, Acis ein Tenor, ebenso Damon. (OED)

Zu Seite 422:

1797, Anmerkung, Zeile 4 und 5: statt „1797/8" lies „1798" und statt „1798/9 lies „1799". (Deutsch I S. 66) – Constanze gibt ihre Adressen wie folgt an: im Brief vom 1. September 1798 (Bauer–Deutsch Nr. 1226): „im Judengässel N:° 535 im 2ten Stock"; im Brief vom 18. Oktober 1799 (Bauer–Deutsch Nr. 1260): „auf dem Michaelerplatz N. 5. im 3ten Stok".

30. Dezember 1797: „neulich": am 27. Dezember.

* Ende März 1798, Anmerkung: ergänze am Schluß: „Vgl. Anfang 1797". (OED)

Für die Ostermesse 1798 kündigt der Braunschweiger Verleger Johann Peter Spehr im *Musicalischen Magazin* eine „vollständige Sammlung und Ausgabe Mozartscher Werke" an.

Diese Ausgabe blieb unvollendet; es erschienen nur sechs Lieferungen (vgl. KV⁶ S. 915). Die Ankündigung veranlaßte das Leipziger Verlagshaus Breitkopf & Härtel, in einem Brief vom 25. Mai 1798 (Bauer–Deutsch Nr. 1223) Constanze Mozart von dem Plan zu unterrichten, „eine correcte und vollständige Sammlung [von Mozarts] ächten Compositionen" zu veranstalten und sie um Unterstützung bei dem Unternehmen zu ersuchen. (Siehe Sommer 1798)

* Am 12. Juni 1798 wird im Freihaus-Theater in Wien uraufgeführt: *Das Labyrinth oder Der Kampf mit den Elementen, der zweyte Theil der Zauberflöte*, Text von Emanuel Schikaneder, Musik von Peter von Winter.

Zu Seite 423:

* Am 1. September 1798 beziehen Constanze und Nissen eine gemeinsame Wohnung im Judengäßchen, Stadt Nr. 535, 2. Stock.

Bauer–Deutsch Nr. 1226 (1. 9. 1798).

* Im Herbst 1798 findet ein Augarten-Konzert zugunsten Constanzes statt (überliefert von Frederik Samuel Silverstolpe). (OED)

* Am 27. Oktober 1798 findet im Freihaus-Theater eine „Große Akademie" statt. Sie beginnt mit der Ouvertüre zur *Zauberflöte;* dann singt der Bassist Johann Ignaz Ludwig Fischer vier Arien, darunter *„In diesen heiligen Hallen"*; der 28jährige Beethoven spielt sein erstes Klavierkonzert op. 15; den Schluß bildet Joseph Haydns Sinfonie mit dem Paukenschlag (Hob. I: 94).

Egon Komorzynski, *Sänger und Orchester des Freihaustheaters,* in: MJb 1951, S. 138–150, hier S. 149.

Zu Seite 424:

1798: Constanze Mozart hat Niemetschek „eine Menge von Notizen und Briefschaften zu der Verfassung der Biographie gegeben". Niemetschek erklärt aber (1799): „ich konnte nicht alles brauchen, theils wegen der noch lebenden Personen, theils weil ich nicht alles glaube, was Mad. Mozart sagt oder zeigt". (Wilhelm Hitzig, *Die Briefe Franz Xaver Niemetscheks und der Marianne Mozart an Breitkopf & Härtel,* in: *Der Bär,* Jahrbuch von Breitkopf & Härtel auf das Jahr 1928, S. 110)

6. Februar 1799: vgl. Georg August Griesingers Brief an Gottfried Christoph Härtel vom 18. Mai 1799: „Man sagte mir, daß die Wittwe Mozart die Aechtheit der Anecdoten, welche in der Music-Zeitung stehen nicht verbürgen möchte." (Günter Thomas, *Griesingers Briefe über Haydn,* in: *Haydn-Studien,* Band I, München–Duisburg 1966, S. 49–114, hier S. 54)

* Aus Zinzendorfs Tagebuch, 23. März 1799

... Le soir apres 6h. *chez le Pce Schwarzenberg au Concert* de Haendel *der Meßias.*

Deutsch II S. 218.

25. März 1799: Bei der konzertanten Aufführung des *Titus* sang Josepha Mayer, verw. Hofer, geb. Weber, die Servilia und Friedrich Sebastian Mayer, ihr Mann, den Publio. (Emil Karl Blümml, *Aus Mozarts Freundes- und Familienkreis,* Wien 1923, S. 137)

12. Juni 1799: Der Brief Joseph Haydns an Chr. G. Breitkopf ist mit vollständigem Text bei Bartha unter Nr. 220 abgedruckt.

Zu Seite 425:

* Am 22. August 1799 wird *La clemenza di Tito* in Frankfurt erstaufgeführt.

Der Tenorist Schulz sang den Titus, Josepha Cannabich, geb. Woralek, den Sextus, Joseph Carl Demmer den Annius, Franz Anton Maurer den Publius. Ein zeitgenössischer Kritiker berichtet über die Aufführung: „Die Pracht, womit diese Oper gegeben wurde, ging über meine und jedermanns Erwartungen. Merkwürdig war die meistens so seltene Erscheinung, daß Geschmack und Pracht Hand in Hand gingen. Die Dekorationen, Kleider, Requisiten – kurz, alles, bis auf die kleinste Kleinigkeit war mit der größten Genauigkeit nach altrömischen Mustern angegeben und ausgeführt. Es gehörte weiter nichts als Aufmerksamkeit dazu, um sich ganz in die Zeiten des alten Rom zu versetzen. Die Musik ging wenigstens in der Rücksicht vollkommen, daß kein, auch nicht der geringste Fehler vorfiel. Jedermann stimmt darin überein, daß man in Frankfurt noch kein so vollkommenes Ganze gesehen hat." (*Johann Caspar Goethe, Cornelia Goethe, Catharina Elisabeth Goethe. Briefe aus dem Elternhaus,* hg. von Erich Pfeiffer-Belli, Zürich–Stuttgart 1960, S. 962, Anmerkung 306)

8. November 1799: Der Vertrag zwischen Constanze Mozart und Johann Anton André ist bei Bauer—Deutsch unter Nr. 1262 abgedruckt.

24. November 1799: Der Brief Nannerls ist bei Bauer—Deutsch unter Nr. 1268 mit vollständigem Text abgedruckt.

Zu Seite 426:

* Am 23. und 24. Dezember wird im Winterpalais des Fürsten Johann Nepomuk Schwarzenberg in Wien Händels *Messias* in Mozarts Bearbeitung aufgeführt.

Andreas Holschneider, in: NMA X/28/Abt. 1/2, S. VIII–IX.

Zu Seite 426—427:

22. Januar 1800: Die Erinnerungen sind fast wörtlich Nannerls Brief vom 24. November 1799 (Bauer—Deutsch Nr. 1268) an Breitkopf & Härtel entnommen, nicht aus ihrem „Aufsatz" von 1792 (Bauer—Deutsch Nr. 1212). — Zum „oragna figatafa" vgl. die Briefe vom 12. und 19. Februar 1778 (Bauer—Deutsch Nr. 422, 426).

Zu Seite 427:

* Franz Xaver Süssmayr an Breitkopf & Härtel, 8. Februar 1800

Meine Herren!

Ihre gütige Zuschrift vom 24t Jenner hat mir das größte Vergnügen gemacht, da ich aus derselben ersehen habe, daß Ihnen an der Achtung des deutschen Publikums zu viel gelegen ist, als daß Sie dasselbe durch Werke irre führen sollten, die nicht ganz auf die Rechnung meines verstorbenen Freundes Mozart gehören. Ich habe den Lehren dieses grossen Mannes zu viel zu danken, als daß ich stillschweigend erlauben könnte, daß ein Werk, dessen größter Theil meine Arbeit ist, für das seinige ausgegeben wird, weil ich fest überzeugt bin, daß meine Arbeit dieses grossen Namens unwürdig ist. Mozarts Composition ist so einzig, und ich getraue mir zu behaupten, für den größten Theil der lebenden Tonsetzer so unreichbar, daß jeder Nachahmer besonders mit untergeschobener Arbeit noch schlimmer wegkommen würde, als jener Rabe, der sich mit Pfauen-Federn schmückte. Daß die Endigung des Requiem-s, welches unseren Brief-Wechsel veranlaßte, mir anvertraut wurde, kamm auf folgende Weise. Die Wittwe Mozart konnte wohl voraussehen, daß die hinterlassenen Werke ihres Mannes würden gesucht werden; der Tod überraschte ihn, während er an diesem Requiem arbeitete.
Die Endigung dieses Werkes wurde also mehreren Meistern übertragen; einige davon konnten wegen gehäuften Geschäften sich dieser Arbeit nicht unterziehen, andere aber wollten ihr Talent nicht mit dem Talente Mozarts compromittiren. Endlich kam dieses Geschäft an mich, weil man wußte, daß ich noch bey Lebzeiten Mozarts die schon in Musik gesezten Stücke öfters mit ihm durchgespielt, und gesungen, daß er sich mit mir über die Ausarbeitung dieses Werkes sehr oft besprochen, und mir den Gang und die Gründe seiner Instrumentirung mitgetheilt hatte. Ich kann nur wünschen, daß es mir geglückt haben möge, wenigstens so gearbeitet zu haben, daß Kenner noch hin und wieder einige Spuren seiner unvergeßlichen Lehren darinn finden können.
„Zu dem Requiem samt Kyrie — Dies irae — Domine Jesu Christe. — hat Mozart die 4 Singstimmen, und den Grund-Baß samt der Bezifferung ganz vollendet; zu der Instrumentirung aber nur hin und wieder das Motivum angezeigt. Im Dies irae war sein lezter Vers — qua resurget ex favilla — und seine Arbeit war die nemliche, wie in den

ersten Stücken. Von dem Verse an — Judicandus homo reus etc: hab ich das Dies irae ganz geendigt.

„Das Sanctus — Benedictus — und Agnus Dei — ist ganz neu von mir verfertigt; nur hab ich mir erlaubt, um dem Werke mehr Einförmigkeit zu geben, die Fuge des Kyrie, bei dem Verse — cum Sanctis etc. zu wiederhohlen.

Es soll mir herzlich lieb seyn, wenn ich Jhnen durch diese Mittheilung einen kleinen Dienst habe leisten können. ...

Staatsbibliothek Preußischer Kulturbesitz Berlin/West, Musikabteilung. — Vollständig nach dem Autograph bei Joseph Heinz Eibl, *Süßmayrs „Requiem"-Brief vom 8. Februar 1800,* in: MM 24 (1976), Heft 1/2, S. 21—23.

28. August 1800, Zeile 9: vor „das große Requiem" ergänze „1 Heft Lieder, größtentheils unbekannte;"

Bauer—Deutsch Nr. 1309.

* Am 20. Februar 1801 wird Mozarts *Requiem* als erstes seiner großen Werke in London, und zwar im Covent Garden Theatre, aufgeführt.

Pohl, S. 144.

26. Februar 1801: Das Testament Johann Baptist von Berchtolds zu Sonnenburg vom 25. September 1798 auszugsweise bei Walter Hummel, *Nannerl. Wolfgang Amadeus Mozarts Schwester,* Zürich etc. 1952, S. 93.

Zu Seite 428:

* Am 1. Januar 1802 wird *Idomeneo* in Kassel erstaufgeführt in der deutschen Übersetzung von Johann David Apell.

Eduard Reeser, *„Idomeneo" auf dem Theater,* in: MJb 1973/74, S. 46—55, hier S. 50.

1803: Ein Auszug aus Ignaz Ferdinand Cajetan Arnolds *Mozarts Geist. Seine kurze Biografie und seine ästhetische Darstellung. Ein Bildungsbuch für junge Tonkünstler* (Erfurt 1803), bei Nissen S. 567 ff. Das Buch ist Goethe und dem Thomaskantor August Eberhard Müller gewidmet. Nissen scheint das Werk sehr geschätzt zu haben, er widmete es am 19. Dezember 1811 seinem Stiefsohn Carl Thomas Mozart. (Faksimile des Titels samt Widmung bei Hummel Abb. 21) — Auch Nannerl Mozart besaß ein Exemplar des Werkes.

Zu Seite 431:

* AUS ZINZENDORFS TAGEBUCH, 20. APRIL 1804

... A 6h. 1/2 *au Spectacle. La Clemenza* di Tito. Des airs de Metastasio laissés dehors, de la musique de Mayer, de Weigel melée a celle de Mozhart.

Deutsch II S. 218. — Das Werk wurde zuerst am 12. April 1804 im Burgtheater und am 13. im Kärntnertortheater szenisch aufgeführt. Friedrich Sebastian Mayer hatte 1798 im Freihaus-Theater den Publio im *Titus* gesungen; aber hier ist wohl Johann Simon Mayr gemeint, von dem damals mehrere Opern in den Wiener Hoftheatern aufgeführt wurden. (OED) — „Weigel" ist der Kapellmeister Joseph Weigl.

* Am 19. September 1804 wird *Così fan tutte* zum ersten Mal im Kärntnertortheater unter dem deutschen Titel *Mädchentreue* aufgeführt.

Constantin von Wurzbach, *Mozart-Buch,* Wien 1869, S. 135; Hadamowsky S. 24, Nr. 214.

8. April 1805, Anmerkung, Zeile 8: Der Text der Kantate stammte von Georg August Griesinger. — Zeile 9—10: Franz Xaver Wolfgang spielte auch das Klavierkonzert in C KV 503 seines Vaters. (Hummel S. 23 ff.)

Zu Seite 432:

* Am 27. März 1806 wird in London im King's Theatre, Haymarket, *La clemenza di Tito* zum Benefiz Elisabeth Billingtons aufgeführt; in der Ankündigung wird darauf hingewiesen, es sei dies „die einzige von Mozarts Kompositionen, die bis jetzt in diesem Lande zur Aufführung gekommen".

Pohl S. 145.

23. April 1806: Der Brief Joseph Haydns an Asioli ist bei Bartha unter Nr. 366 abgedruckt.

* Constanze Mozart an Johann Simon Mayr in Bergamo
Ende August / September 1806

Schetzbarster Herr Kapellmeister

Wundern Sie Sich nicht, nach dem ich nur einmahl in Wien das Glück hatte, Sie selbst zu sprächen, daß ich mir die Freuheit nehme, Sie mit einer So großen Bitte zu belästigen; allein was thut nicht eine Mutter ihr Kind so glücklich wie möglich zu machen. Mein ältester Sohn der in Mailand ist um die Musique zu studiren, und so viel von Ihrem Ruhme, und großen Talent gehört hat, läß[t] mir keine Ruhe, ihn Ihrer Güte, und Freundschaft zu empfehlen. Nehmen Sie Hochgeschädster Herr Kapellmeister dahero nicht übel, wen ich Sie bitte, Sich eines jungen Mannes anzunehmen, dessen Vater nur all zu frühe für ihn starb. machen Sie dadurch zugleich Sohn und Mutter glücklich, welche nie auf hören werden zu seyn, Ihre dankbarste, Sie hochschätzente

Constance Mozart

An Herren
Herren Kapellmeister Majer

Biblioteca civica di Bergamo (Signatur: *Sala 32. D.8.29*). – Heinrich Bauer, *Simon Mayr 1763 bis 1845, Meister der italienischen Oper aus der bayerischen Oberpfalz,* 4. Band der Reihe *Bavaria antica*, hg. von der Bayerischen Vereinsbank München, 1974 (mit Faksimile des Briefes S. 29–30). – Rudolph Angermüller, *Constanze Mozart an Simon Mayr,* in: MM 24 (1976), Heft 1/2, S. 23 f. – Constanze schreibt ihrem Sohn am 23. August 1806: „An Kapellmeister Mayr werde ich, da ich ihn kenne, selbst schreiben und Dich empfehlen." (Original des Briefes bei der Internationalen Stiftung Mozarteum Salzburg) Sie hatte Mayr, wie Angermüller annimmt, bei der Erstaufführung von Mayrs Oper *Ercole in Lidia* (29. Januar 1803 im Kärntnertortheater in Wien) kennengelernt. – Ob Carl Thomas Mozart Unterricht von Mayr erhielt, ist unbekannt.

* Zeugnis Antonio Salieris für Franz Xaver Wolfgang Mozart
30. März 1807

Io qui sottoscritto faccio fede che il giovine Signor Wolfgango Amadio Mozart, già bravo suonator di Pianoforte, ha un talento raro per la musica, che per perfezionarsi in quest'arte, di cui egli fa profeßione, dopo aver studiato le regole del contrapunto sotto la scuola del Signor Albrechtsberger Maestro di Capella di S. Stefano, ora pratico sotto di me, e che ne prognostico una riuscita non inferiore a quella del suo celebre Padre.

Antonio Salieri
primo Maestro di Capella
della Corte Imperiale di Vienna.

Vienna
30 Marzo 1807

Archiv der Gesellschaft der Musikfreunde, Wien. — Faksimile bei Hummel Abb. 43. — Das Zeugnis ist vor Franz Xaver Wolfgangs Abgang nach Galizien ausgestellt; es diente ihm wohl als Befähigungsnachweis.

Zu Seite 433:

1808, Anmerkung: Aloisia Lange lebte seit 1795 von ihrem Mann getrennt.

Zu Seite 433—440:

1808, Anmerkung (S. 440): Niemetscheks Lebensbeschreibung Mozarts ist bereits 1797 in (halb-)anonymer Ausgabe erschienen. Nissen erkundigt sich in einem Brief vom 16. Februar 1826 (Bauer—Deutsch Nr. 1407) danach: „Mozarts Biographie in musikalischer Hinsicht, von N.** br. Prag (bei Wiedmann) 1797". Er erhält von Friedrich Dionys Weber, an den er sich offenbar mit der gleichen Frage gewandt hatte, unterm 8. April 1826 (Bauer—Deutsch Nr. 1414) die Auskunft, die 1808 erschienene „Lebensbeschreibung des k.k. Kapellmeisters Wolfg. Amad. Mozart" sei „ganz dieselbe . . ., welche 1797 bei Wiedmann mit N.** erschien, und ein Jahr später 1798 bei Herrl neuerdings in 4.to mit dem vollständigen Namen des Verfassers aufgelegt worden ist. Da aber auch diese Auflage bald vergriffen war, so veranstaltete der Verfasser selbst im Jahre 1808 in der nemlichen Buchhandlung eine 2te und vermehrte Auflage davon . . ." Nissen führt die Ausgaben von 1797 und 1798 in der Bibliographie (Anhang S. 212 ff.) seiner 1828 erschienenen *Biographie W. A. Mozart's* (unter Nr. 4 und 5) auf.

Zu Seite 440—441:

1808, Anmerkung, Zeile 3: statt „Bauerriß" lies „Bauerreiß". (OED)

13. Juni 1810: Nissens Brief an Mozarts Sohn Carl Thomas ist bei Bauer—Deutsch unter Nr. 1388 (ebenfalls auszugsweise, aber in anderer Auswahl aus dem vollständigen Text) abgedruckt.

Zu Seite 442:

29. Dezember 1810: Constanzes Brief an ihren Sohn Carl Thomas ist (in einem kürzeren Auszug) bei Bauer—Deutsch unter Nr. 1389 abgedruckt.

* Am 9. Mai 1811 wird in London (King's Theatre) *Così fan tutte* und am 6. Juni 1811 ebendort *Die Zauberflöte* aufgeführt.
Pohl S. 146, 147.

* Am 18. Juni 1812 wird in London (King's Theatre) *Le mariage de Figaro* zum ersten Male aufgeführt; Angelica Catalani sang die Susanna.
Pohl S. 147—148.

* Am 29. November 1812 wird in der Wiener Reitschule unter Leitung Ignaz von Mosels Händels *Alexander-Fest* in der Bearbeitung Mozarts aufgeführt.
Andreas Holschneider, in: NMA X/28/Abt. 1/3, S. VII.

Zu Seite 444:

* Am 12. April 1817 wird in London (King's Theatre) *Don Giovanni* zum ersten Male aufgeführt.
Pohl S. 149.

Zu Seite 444—445:

1. Mai 1818, Anmerkung: Die diesem Brief von Norbert Ignaz Loehmann (Lehmann) beiliegende „Fantasie für Orgel" (KV²: 528ᵃ, KV⁶: Anh. C 27.03) soll der Versuch der Aufzeichnung jener Orgel-Improvisation Mozarts sein.

* Am 18. Juni 1818 wird in Dresden die *Entführung* aufgeführt. Den Belmonte sang Friedrich Gerstäcker, die Konstanze eine Choristin namens Hähnel. Carl Maria von Weber hat dazu eine Einführung geschrieben (abgedruckt in: *Carl Maria von Weber. Ausgewählte Schriften,* hg. von Wilhelm Altmann, Regensburg 1928, S. 255 ff., Nr. 75).

Zu Seite 447—448:

Das Datum des Briefs an Joseph Sonnleithner ist richtig „2ten July 1819" (nicht „25. July"); Bauer—Deutsch Nr. 1391.

Anmerkung, Zeile 4: streiche die Worte „vom 25. Juli 1819". (Deutsch I S. 66)

Zu Seite 448:

* AUS BEETHOVENS KONVERSATIONSHEFTEN, ENDE NOVEMBER 1819

Morgen ist Idomeneus

Idomeneus war nicht die erste Composition Mozarts

Heft 2, Blatt 20 r; BKh 1, S. 92. — Deutsche Staatsbibliothek Berlin. — Joseph Karl Bernhard (1775—1850), Journalist und Redakteur. — Bezieht sich auf die Aufführung (vom 25. 11. 1819) der Oper *Idomeneus, König von Creta,* mit dem Text von Georg Friedrich Treitschke und der Musik von Mozart. (BKh Band 1, S. 438, Anmerkung 215)

Heute hat man den Idomeneus wieder gegeben

Es ist eine der erstern Opern von Mozart

Heft 2, Blatt 29 v und 30 r; BKh 1, S. 97. — Deutsche Staatsbibliothek Berlin. — Joseph Karl Bernhard. — Bezieht sich auf die Wiederholung vom 25. oder 27. 11. 1819. (BKh Band 1, S. 439, Anmerkung 222)

von Erfindung ist gar keine Spur, die fast besten Sachen darin ist ein Terzett, nach dem in der Zauberflöte und eine Arie, auch nach der Pamina im zweiten Akte

Heft 2, Blatt 43 r; BKH 1, S. 103. — Deutsche Staatsbibliothek Berlin. — Franz Oliva (gestorben 1848). — „Bezieht sich auf Spohrs Kantate Das befreite Deutschland, Aufführung vom 28. November." (Köhler S. 135) — Der Text der Kantate *Das befreyte Deutschland* (1814) stammt von Caroline Pichler. Ludwig Spohr, damals (1813—1814) Kapellmeister am Theater an der Wien, komponierte die Musik über Auftrag des Kunstmäzens Johann Tost. In Wien wurde die Kantate zuerst am 25. März 1819 aufgeführt. (*Caroline Pichler, geborne von Greiner, Denkwürdigkeiten aus meinem Leben,* hg. von Emil Karl Blümml, Band II, S. 417, München 1914)

1819, Anmerkung, Zeile 1: statt *„The Great Burney"* lies *„The Great Dr. Burney"*. (OED)

* AUS FRANZ XAVER WOLFGANG MOZARTS TAGEBUCH, 25. APRIL 1820

. . . Entführung aus dem Serail, die ziemlich gut gegeben wurde. Die alte Campi singt noch zum Erstaunen.

Hummel S. 107. – Mozarts Sohn befand sich auf einer Kunstreise, auf der er sich vom 15. April bis 16. Juni 1820 in Wien aufhielt. – „die alte Campi" ist Antonia Campi (1773 bis 1822); sie konnte die Arie der Königin der Nacht um eine Oktave höher singen als vorgeschrieben. – Besucher Beethovens tragen in dessen Konversationshefte Bemerkungen über den Wiener Aufenthalt Franz Xaver Wolfgangs ein, so Franz Oliva am 26. April: „Sieht der junge Mozart seinem Vater ähnlich? Daß er bisher nicht suchte mit Ihnen bekant zu werden und sich Ihnen zu nähern macht seinem Sin keine Ehre. – Man wird hier vieles für ihn tun, es scheint aber nicht, daß er einen Platz unter den Künstlern hier jemals behaupten kann – soll er ein guter Klavierspieler sein – er ist ungeheuer eitel." (Köhler S. 139) – Franz Xaver Wolfgang hörte noch weitere Opern seines Vaters: am 15. April und am 11. Mai *Don Giovanni*, am 30. Mai *Figaro*, am 4. Juni *Zauberflöte* und am 3. und 8. Juni *Così fan tutte (Mädchentreue)*.

* Am 24. August 1822 debütiert Johann Nestroy im Kärntnertortheater als Sarastro in der *Zauberflöte.*

Otto Basil, *Johann Nestroy in Selbstzeugnissen und Bilddokumenten*, Hamburg 1967, S. 33.

Zu Seite 449:

* AUS BEETHOVENS KONVERSATIONSHEFTEN, ZWISCHEN 21. UND 25. JANUAR 1824

Salieri behauptet, er habe Mozart vergiftet.

Heft 54, Blatt 2 v; BKh 5, S. 92. – Deutsche Staatsbibliothek Berlin. – Karl van Beethoven (1806–1858), Beethovens Neffe. – Das Gerücht von Mozarts Vergiftung, zu dessen Kolportierung Constanze Mozart mindestens beigetragen hat, tauchte um diese Zeit wieder auf und wurde in mehreren Publikationen erörtert. Vgl. 10. Juni 1824. – Salieri war im Herbst 1823 in geistige Umnachtung verfallen. (OED)

* AUS BEETHOVENS KONVERSATIONSHEFTEN, CA. 25. JANUAR 1824

Mit Salieri geht es wieder sehr schlecht. Er ist ganz zerüttet. Er phantasirt stets, daß er an dem Tode Mozarts schuld sey, u. ihm mit Gift vergeben habe – dieß ist Wahrheit – denn er will dieß als solche beichten. – so ist es wahr wieder, daß alles seinen Lohn erhält.

Heft 54, Blatt 6 r; BKh 5, S. 95. – Deutsche Staatsbibliothek Berlin. – Anton Schindler (1795 bis 1864), Freund Beethovens. – Die angebliche Absicht, das „Verbrechen" zu beichten, hat in neuester Zeit zu der unglaubhaften Nachricht geführt, Salieris Beichte sei in einem geistlichen Archiv Wiens erhalten. Vgl. dazu Otto Erich Deutsch, *Die Legende von Mozarts Vergiftung*, in: MJb 1964, S. 7–18, hier S. 15; Karl Pfannhauser, *Epilegomena Mozartiana*, in: MJb 1971/72, S. 268–312, hier S. 269–270.

* AUS BEETHOVENS KONVERSATIONSHEFTEN, ANFANG FEBRUAR 1824

daraus läßt sich auch der Glaube an Salieris Bekenntniß beurtheilen – es ist gar kein Beweiß, allein es bestärkt den Glauben.

Heft 55, Blatt 6 r; BKh 5, S. 132. – Deutsche Staatsbibliothek Berlin. – Anton Schindler.

es sind 100 auf 1 zu wetten, daß die Gewissens Äusserung Salieris wahr ist! –

Die Todesart Mozarts bestättiget diese Äußerung!

Heft 55, Blatt 11 v; BKh 5, S. 136. – Deutsche Staatsbibliothek Berlin. – Johann Schickh, Herausgeber der *Wiener Zeitschrift für Kunst, Literatur, Theater und Mode.*

es leben ja Viele, die bezeugen können, wie er gestorben, ob Symptome sich zeigten. – er wird aber Mozart mehr geschadet haben durch seinen Tadel, als Mozart ihm.

Heft 55, Blatt 12 r; BKh 5, S. 137. – Deutsche Staatsbibliothek Berlin. – Anton Schindler.

* AUS BEETHOVENS KONVERSATIONSHEFTEN, ANFANG MÄRZ 1824

Mozarts Finger waren von dem unablässigen Spielen so gebogen, daß er das Fleisch nicht selbst schneiden konnte.

Heft 57, Blatt 11 v; BKh 5, S. 179. – Deutsche Staatsbibliothek Berlin. – Karl van Beethoven. Beethovens Neffe dürfte dies aus Schlichtegrolls Nekrolog (1793) entnommen haben. („Selbst seine Hände hatten eine so feste Richtung für das Klavier, daß er selten und nur mit äußerster Mühe und Furcht im Stande war, sich bey Tische das Fleisch zu schneiden; gewöhnlich bat er seine Frau um diese Gefälligkeit.") Gleiches hat Nissen handschriftlich auf dem Original von Mozarts Brief an Constanze vom 6. Juni 1791 (Bauer–Deutsch Nr. 1157) vermerkt: „Man weiß, daß er in den Gebrauch seiner Hände ausser dem Clavier sehr ungeschickt war, daß er nicht Fleisch schneiden konnte etc. und daß seine Frau ihm das Fleisch wie einem Kinde schnitt."

10. Juni 1824, Anmerkung, Zeile 1: statt „Juli bis September" lies „August". (OED) – Vollständige deutsche Übersetzung des Briefes: Johannes Dalchow – Gunther Duda – Dieter Kerner, *Mozarts Tod 1791–1971*, Pähl 1971, S. 217–218. – Guldener (1763–1827), praktischer Arzt und Spitalarzt in Prag, seit spätestens 1790 in Wien, des Sommers im Wiener Vorort Döbling lebend, 1798 zweiter, 1800 erster Stadtphysikus, 1814 Protomedicus und Regierungsrat von Niederösterreich. Mit Constanze Mozart nach dem Tode ihres Gatten in freundschaftlicher Beziehung. Von Guldener existiert ein Brief an Sigismund Neukomm (1778–1858), der sich, damals in Paris lebend, ebenfalls zur Entlastung Salieris an die Presse gewandt hatte. Der (nur in englischer Sprache bekannte) Brief ist abgedruckt bei Carl Bär, *Mozart. Krankheit – Tod – Begräbnis* (= *Schriftenreihe der Internationalen Stiftung Mozarteum*, Band 1), S. 59–60; Auszug in deutscher Übersetzung bei Dalchow–Duda–Kerner, a. a. O., S. 218–219.

* AUS BEETHOVENS KONVERSATIONSHEFTEN, ENDE JANUAR 1825

Man sagt sich jetzt sehr stark, daß Salieri Mozarts Mörder ist.

Heft 79, Blatt 10 v; Köhler S. 138. – Deutsche Staatsbibliothek Berlin. – Karl van Beethoven. – Salieri starb am 7. Mai 1825. Ende 1823 hatte er vom Krankenbett aus Ignaz Moscheles erklärt: „Obgleich dies meine letzte Krankheit ist, so kann ich doch auf Treu und Glauben versichern, daß nichts Wahres an dem absurden Gerücht ist; Sie wissen ja, – Mozart, ich soll ihn vergiftet haben. Aber nein, Bosheit, lauter Bosheit, sagen Sie es der Welt, lieber Moscheles; der alte Salieri, der bald stirbt, hat es Ihnen gesagt." (Nach *„Aus Moscheles' Leben. Nach Briefen und Tagebüchern herausgegeben von seiner Frau"*, Leipzig 1872, 1. Band, S. 84 f., zitiert nach Karl Pfannhauser, *Epilegomena Mozartiana*, in: MJb 1971/72, S. 274)

7. April 1825: Der Brief Sophie Haibels an Nissen ist mit vollständigem Text bei Bauer–Deutsch unter Nr. 1397 abgedruckt.

Zu Seite 452:

* AUS BEETHOVENS KONVERSATIONSHEFTEN, MITTE JULI 1825

Haydn hat den Don Juan vor alles gestellt. – Das Thema vom Requiem hat Haydn auch in einem Quartett viel früher als Fugenthema benützt.

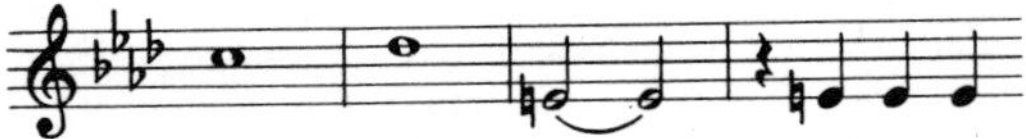

Heft 89, Blatt 4 r; Köhler S. 135. – Deutsche Staatsbibliothek Berlin. – Karl Holz (1798–1858). – Ende Dezember trägt Holz ein: „Haydn hat den Don Juan für das größte Werk Mozarts erklärt." (Köhler S. 133) – Das Zitat (Thema des Finales aus Haydns Streichquartett op. 20 Nr. 5 = Hob. I: 35) ist nicht korrekt.

* AUS BEETHOVENS KONVERSATIONSHEFTEN, 2. HÄLFTE DEZEMBER 1825

In den Concerts spirituels von Piringer wurde eine Clavierphantasie von Mozart, welche Seyfried fürs ganze Orchester eingerichtet hatte, gegeben. Ein Mensch, der Seyfried nicht kannte, sagte zu ihm selbst: Ich finde es sehr anmaßend vom Seyfried, daß er das gethan hat; Mozart hätte es schon selbst gemacht, wenn er es gut gefunden hätte.

Heft 97, Blatt 23 r; Köhler S. 132. – Deutsche Staatbibliothek Berlin. – Karl van Beethoven. – Die von Ignaz Xaver Ritter von Seyfried (1776–1841) für Orchester eingerichtete „Clavierphantasie" Mozarts ist KV 475.

* AUS BEETHOVENS KONVERSATIONSHEFTEN, ENDE DEZEMBER 1825

Mozart hätte sichs auch gefallen lassen, die Wiener-Zeitung in Musik zu setzen – Die Fuge in der Ouverture zur Zauberflöte soll eigentümlich dem Händel angehören. – Er hat früher eine andere geschrieben; Schikaneder hat sie verworfen.

Heft 98, Blatt 37 r; Köhler S. 133. – Deutsche Staatsbibliothek Berlin. – Karl Holz.

Zu Seite 453:

* AUS JAKOB NEUKÄUFLER'S SELBSTBIOGRAPHIE, UM 1825
(Wien 1782)

. . . Ferner ließ für mich Herr Compositeur Mozart die „Entführung aus dem Serail" kopieren; ich brauchte nur die Abschreibgebühr zu bezahlen. Herrn Wolfgang Mozart hatte ich schon in Salzburg kennen gelernt, als er noch bei seinem Vater war. Er hat sich mir immer sehr geneigt gezeigt.

Konrad Schiffmann, *Aus dem Leben eines Wanderschauspielers, Jakob Neukäufler (1754–1835)*, Linz 1930, S. 73 f. – Neukäufler war vom Herbst 1780 bis zur Fastenzeit 1781 bei Schikaneder in Salzburg gewesen und, nach einer kurzen Zeit in Linz, im Herbst 1781 nach Wien gekommen, wo er am Leopoldstädter Theater tätig war. Im Herbst 1782 ging er nach Straßburg, wo er dem Direktor Josef Koberwein (1794–1857) die Partitur der Mozart-Oper überbrachte. Sie wurde dort vor Ende 1783 aufgeführt (1801 französisch). – Die Jahreszahlen sind in Neukäuflers diktierter Selbstbiographie ungenau und hier korrigiert. – Er und sein Sohn Ferdinand (1785–1860) waren ab 1795 in Schikaneders Freihaustheater engagiert, wo der Achtjährige einen der Genien in der *Zauberflöte* gesungen hat. (OED)

* AUS BEETHOVENS KONVERSATIONSHEFTEN, ANFANG JANUAR 1826

Das ist das, was ich bey Mozart immer vermisse. — Besonders die Instrumentalmusik. — Einen bestimmten Charakter in einer Instrumentalmusik, ich meine, eine analoge Darstellung irgend eines Seelenzustandes findet man in seinen Werken nicht so, wie in den Ihrigen.

Ich möchte den Unterschied zwischen den Mozart'schen und Ihren Instrumental-Compositionen so erklären: zu einem Ihrer Stücke könnte ein Dichter nur e i n Werk schreiben; zu einem Mozartschen könnte er aber 3 bis 4 analoge schreiben.

Heft 78, Blatt 4 r, 4 v; Köhler S. 134. – Deutsche Staatsbibliothek Berlin. – Karl Holz.

* Aus Beethovens Konversationsheften, Januar 1826

Waß sagen Sie zum Aufsatz über das Requiem von Mozart in der Caecilia? (Matthias Artaria)

* Aus Beethovens Konversationsheften, 3. Januar 1826

Was sagt er über die Recension des Mozartischen Requiem in der Caecilia (Ignaz Schuppanzigh)

* Aus Beethovens Konversationsheften, 1. Hälfte März 1826

Breitkopf wird sich bedanken, wenn Andre das Requiem von Mozart herausgibt; es ist doch eigentlich das Eigenthum Breitkopfs. Die Frau von Mozart und die Frau von Beethoven. drum wehren sie sich auch in der Leipziger Zeitung. — Ich höre, es sey schon etwas. — Für jeden Fall eine alte Schweinerey. — Wenn sie das Manuskript Mozart hatte, warum gab sie es nicht dem Breitkopf; oder wenigstens eine Abschrift mit dem Zeichen M. u. S. — Seine Fantasie in C moll Es ist, wenn man es genau nehmen wollte, sogar eine beleidigende Nachlässigkeit. (Karl Holz)

Heft 78, Blatt 20r; Heft 99, Blatt 12r; Heft 104; Blatt 33v, 34r; Köhler S. 136. — Deutsche Staatsbibliothek Berlin. — Die ersten beiden Eintragungen betreffen den durch Gottfried Webers Aufsatz *Über die Echtheit des Mozart'schen Requiem,* in: *Cäcilia* (3. Band 1825, Heft 11, S. 205 bis 229) ausgelösten Streit um die Echtheit des *Requiem.* — Bei Breitkopf & Härtel erschien das *Requiem* 1800, bei Johann André als „Neue nach Mozarts und Süßmayrs Handschriften berichtigte Ausgabe" (mit Vorbericht Anton Andrés, datiert 31. 12. 1826) im Jahre 1827. — Die „Fantasie in C moll" ist KV 475 (1785). — Ignaz Schuppanzigh (1776—1830), Geiger, einer der anhänglichsten Freunde Beethovens (seit 1804).

* Aus Beethovens Konversationsheften, Mitte Juli 1826

Sie sang im Don Giovanni die große Arie der Donna Anna so schön. Die Pariser sagten, daß sie den Mozart wieder zu Ehren gebracht habe; denn früher glaubten sie, daß Mozart in dieser Arie gezeigt habe, daß er die Singstimmen nicht kenne.

Heft 113, Blatt 2v, 3r; Köhler S. 133. — Deutsche Staatsbibliothek Berlin. — Karl Holz. — Die Sängerin ist vielleicht Fräulein Heckermann. (Köhler)

* Aus Beethovens Konversationsheften, Anfang September 1826

Man sagte von den 6 Mozartschen Quartetten, daß sie zum todtlachen seyen; sie stimmen gar nicht.

Heft 117, Blatt 12v; Köhler S. 133. — Deutsche Staatsbibliothek Berlin. — Karl Holz. — Gemeint sind die sechs Joseph Haydn gewidmeten, 1785 bei Artaria erschienenen Streichquartette (KV 387, 421/417b, 428/421b, 458, 464, 465). Vgl. hierzu Otto Erich Deutsch, *Sartis Streitschrift gegen Mozart,* in: MJb 1962/63, S. 7—13.

Zu Seite 454:

1826 (Stadler), Anmerkung, Zeile 3 und 4: statt „1798/9" lies „1799" und statt „1797" lies „1798". (Deutsch S. 66)

Zu Seite 454—459:

1826 (S. 454), Zeile 12: statt „whith" lies „with". (OED)

Anmerkung (S. 459), Zeile 4: statt „Theodor Hook" lies „Theodore Hook". (OED) — Zu Mozarts Variationen über die Canzonetta Kelly's vgl. KV⁶, S. 603—604 (KV 532); Kurt von Fischer, in: KB zu NMA IX/26, S. 153.

Zu Seite 459:

* AUS BEETHOVENS KONVERSATIONSHEFTEN, ENDE JANUAR 1827

Morgen oder übermorgen werden wir wieder Mozarts Titus hören, aber mit einer sehr miserablen Besetzung – daher sich Mozart wohl im Grabe umdrehen wird. Den Titus singt ein Anfänger zum 2ten Debut.

Heute hörte ich den Titus bey der Probe. So hat man ihn wohl auf keiner großen Bühne noch gehört – so erbärmlich. Mad. Grünbaum hat ihren Part ganz schamlos secirt, u. versteht sich das beste ausgelaßen. Das Recit. ihrer großen Arie im 2ten Act läßt sie ganz weg, u. von der Arie singt sie vielleicht 50 Takte. – Die Arie ist so zusammengestrichen, daß die Stimmen alle neu geschrieben werden müssen. Weigl sagte dazu: ich bin unschuldig an dem Blute des Gerechten!

Heft 129, Blatt 2 v, 8 v, 9 r; Köhler S. 132, 133. – Deutsche Staatsbibliothek Berlin. – Anton Schindler. – Therese Grünbaum, geb. Müller (1791–1876), sang die Vitellia. Das weggelassene Rezitativ ist *„Ecco il punto, oh Vitellia"*, die zusammengestrichene Arie *„Non più di fiori vaghe catene"*. – Joseph Weigl (1766–1846), Kapellmeister.

* AUS BEETHOVENS KONVERSATIONSHEFTEN, 12. FEBRUAR 1827

Zum Mozart sagte der Kaiser Joseph, daß in seiner Entführung gewaltig viel Noten sind, die wohl überflüßig seyn dürften.

Heft 134, Blatt 5 v; Köhler S. 137. – Deutsche Staatsbibliothek Berlin. – Johann Nepomuk Emanuel Dolezalek (* 1780), seit 1800 in Wien, Cellist am Kärntnertortheater, Komponist und Klavierlehrer, einer der letzten Besucher Beethovens.

* Am 24. November 1827 wird in London (Covent Garden Theatre) *Die Entführung aus dem Serail* zum ersten Mal, unter dem Titel *The Seraglio,* in englischer Bearbeitung mit fast vollständig verändertem Textbuch aufgeführt.

Pohl S. 150.

Zu Seite 461:

1829: In Zeile 17 ist nach „opinion" zu ergänzen „is" und in Zeile 20 „been" nach „had". (OED)

Zu Seite 461–463:

* AUS DEN REISE-TAGEBÜCHERN VON VINCENT UND MARY NOVELLO
SALZBURG, 15., 17. JULI 1829

[Mary Novello] (July 17th). Some six months before his death he was possessed with the idea of his being poisoned – "I know I must die", he exclaimed, "someone has given me acqua toffana and has calculated the precise time of my death – for which they have ordered a Requiem, it is for myself I am writing this". His wife entreated him to let her put aside, saying that he was ill, otherwise he would not have such an absurd idea. He agreed she should and wrote a masonic ode which so delighted the company for whom it was written that he returned quite elate; "Did I not know that I have written better I should think this the best of my work, but I will put it in score. Yes I see I was ill to have had such an absurd idea of having taken poison, give me back the Requiem and I will go on with it." But in a few days he was as ill as ever and possessed with the same idea. ...

(July 15th) Salieri's enmity arose from Mozart's setting the Così fan tutte which he had originally commenced and given up as unworthy [of] musical invention. The son denies he poisoned him although his father thought so and Salieri himself confessed the fact in his last moments, but as he was embittered all his life by cabals and intrigues, he may truly be said to have poisoned his life and this thought, the son thinks, pressed upon the wretched man when dying. ...
[Vincent Novello] (July 15th) ... It was about six months before he died that he was impressed with the horrid idea that someone had poisoned him with acqua toffana – he came to her one day and complained that he felt great pain in his loins and a general languor spreading over him by degrees – that some one of his enemies had succeded in administering the deleterious mixture which would cause his death and that they could already calculate at what precise time it would infallibly take place. The engagement for the Requiem hurt him much as it fed these sad thoughts that naturally resulted from *his weak state of health.* ...

A Mozart Pilgrimage. Being the Travel Diaries of Vincent & Mary Novello in the year 1829, hg. von Nerina Medici di Marignano und Rosemary Hughes, London 1955, S. 125, 127, 128. – Siehe Otto Erich Deutsch, *Die Legende von Mozarts Vergiftung,* in: MJb 1964, S. 7–18; Johannes Dalchow – Gunther Duda – Dieter Kerner, *Mozarts Tod. 1791–1971,* Pähl 1971; Carl Bär *Mozart. Krankheit – Tod – Begräbnis* (= *Schriftenreihe der Internationalen Stiftung Mozarteum,* Band 1), Salzburg ²/1972. – Vgl. Dok S. 439 (Niemetschek).

Zu Seite 464–465:

1829, Anmerkung: Mozart schreibt im Brief vom 12. Januar 1782 (Bauer–Deutsch Nr. 657; ebenso im Brief vom 16. Januar 1782, Bauer–Deutsch Nr. 659) über Clementi: „übrigens hat er um keinen kreutzer gefühl und geschmack".

Zu Seite 465:

* Aus der « Allgemeinen Theaterzeitung und Unterhaltungsblatt » etc. Wien 1829

Daß er [Schikaneder] einige der volkstümlichsten Melodien als der „Vogelfänger", „bey Männern, welche Liebe fühlen", ein „Mädchen oder Weibchen" u. a. m. dem großen Componisten selbst vortrillerte, ist buchstäblich wahr. ...

20. Jahrgang, Nr. 42 vom 7. April 1829, S. 169. (*Emanuel Schikaneder,* verfaßt von Johann Ritter von Rittersburg) – Gefunden von Walter Senn, Innsbruck.

Vor 1830: Im MJb 1964 (S. 175–182) ist eine weitere Selbstbiographie Stadlers (Entwurf) abgedruckt. (Gerhard Croll, *Eine zweite, fast vergessene Selbstbiographie von Abbé Stadler*)

Zu Seite 471:

* Aus « Der Gesellschafter oder Blätter für Geist und Herz » 3. Mai 1834

Die metrische Ausführung der „Zauberflöte" kann ich nicht in Schutz nehmen, doch dächte ich, das Lied:

In diesen heil'gen Hallen
Kennt man die Rache nicht usw.

wäre nicht übel gelungen. — Basist Gerl war der erste „Sarastro". Da er die zweite Strophe dieses Liedes variieren wollte, rief Mozart: „Halt, Gerl! Wenn ich das so hätte haben wollen, so hätte ichs schon hingeschrieben. Singen Sie das nur so wie es steht." — Wahr ist es, daß die Gesangsstücke des „Papageno" dem Mozart von meinem Onkel zum Theil vorgesungen wurden. Das Duett: „Bei Männern, welche Liebe fühlen" konnte Mozart ihm nicht recht machen. — „Schau, lieber Amade", sagte er, „ich muß ein Duett haben, so wie in der cosa rara, daß es die Fratschlerweiber beim Burgthor gleich singen können." — Er sang ihm das Thema vor. Mozart lachte und sagte: „Nun, das wird ein schöner Schmarn werden!" Dieses Duett wurde am meisten plaudirt und wiederholt. — Die „Zauberflöte" wollte Anfangs nicht recht ansprechen. Den Plan des Stücks konnten nur einige verstehen, und die Musik war in derselben Zeit für unsere Bühne zu hoch gehalten. Auch hatte Mozart keine geringe Anzahl Feinde, und nach dem ersten Akt kam er auf die Bühne und schrie: „Mich soll der Teufel holen, wenn ich je wieder für ein Theater schreibe!" Als aber Joseph Haydn diese Oper ein Meisterstück nannte, da verstummten die Neider, und Kenner und Nichtkenner bliesen die Posaunen des Ruhms. — Dem. Gottlieb war die erste „Pamina"; Tenorist Schack gab den „Tamino"; Mad. Hofer, Mozarts Schwägerin, sang „die Königin der Nacht"; mein Vater den „Sprecher". Die erste Dame war Mad. Gerl, die zweite Dem. Klöpfer, die dritte fällt mir nicht mehr bei. Den ersten Genius sang meine Schwester und den zweiten: Maurer, der nachmals berühmte Bassist. Den Mohren gab Haibel, der später die Musik zum „Tyroler Wastel" schrieb. Die Scene im Finale im zweiten Akte, wo sich „Papageno" hängen will, wurde stark bekrittelt, aber mein Oheim schrieb diese Scene der Dekoration wegen. — Er wollte am Schlusse einen imposanten Sonnentempel haben, dieser konnte nun nach der Feuer- und Wasser-Dekoration nicht hergestellt werden. Es mußte ein kurzer Wald, oder so etwas dergleichen, die vorige Dekoration decken, damit man diese wegräumen und den Tempel herstellen konnte; und die war die Ursache der Hänge-Szene des „Papageno".

18. Jahrgang, 71stes Blatt, S. 359 (hg. von Gustav Gugitz), Berlin. — Gefunden von Walter Senn, Innsbruck. — Verfasser des obigen Berichts ist Joseph Carl Schikaneder (*Emanuel Schikaneder. Geschildert von seinem Neffen Joseph Carl Schikaneder)*, 1773 Regensburg, 1845 Prag, Sohn von Urban Schikaneder (* 1746 Regensburg, † 1818 Wien), der in der Premiere der *Zauberflöte* als „erster Priester" auftrat. Joseph Carl Schikaneder war von 1785 (?) bis Anfang 1787 (oder 1786) wie sein Vater beim Kindertheater des Felix Berner (1738 bis 1787) engagiert, später, von 1790 bis 1793, bei Emanuel Schikaneder im Freihaustheater. — „Fratschlerweiber": von „fratscheln" = indiskret ausfragen, tratschen (Jakob Ebner, *Wie sagt man in Österreich? Wörterbuch der österreichischen Besonderheiten,* Mannheim 1969, S. 87). — Auf dem Theaterzettel der Uraufführung (Dok S. 356 f.) ist „Mlle. Klöpfer" als Erste Dame, „Mlle. Hofmann" als Zweite Dame und „Mad. Schack" als Dritte Dame verzeichnet. Als „Monostatos ein Mohr" ist dort „Hr. Nouseul" angegeben, nicht Jakob Haibel, der Schwager Mozarts. — Vgl. Dok S. 480 f. (Ignaz Castelli, 1861).

* Aus « Allgemeine Theaterzeitung und Originalblatt für Kunst, Literatur, Musik, Mode und geselliges Leben » 16. September 1835

Weimar, den 14. August. Vielleicht wird es Ihnen nicht unangenehm seyn, etwas von den geringen musikalischen Erlebnissen auf meiner Reise von Breslau, über Wien, Salzburg, München, Augsburg, Ulm, Stuttgart, Darmstadt, Frankfurt a. M., Kassel bis an den Ort, wo ich mich gegenwärtig befinde, zu vernehmen. In Wien habe ich mich nur kurze Zeit aufgehalten. Betrübend ist es zu sehen, wie sich hier der musikalische

Geschmack täglich mehr verflacht. Classische Compositionen begehrt man fast gar nicht mehr zu hören, höchstens daß man jährlich in der Fastenzeit in den vier Concerts spirituels dergleichen aufführt. Die besten Sänger der Oper hatten, wegen der eingetretenen Ferien, Reisen begonnen, und ich mußte mich während meines Aufenthaltes mit Strauß und Lanner begnügen. Einen angenehmern Aufenthalt fand ich in Salzburg. Es scheint, als ob die umgebende großartige Natur und die Denkmäler Mozart's und Haydn's in der Stadt selbst die Liebe zu den Compositionen beider großen Männer in frischerem und lebendigerem Andenken erhalten hätte, denn hier athmet alles nur Mozart und Haydn? Das Haus, wo ersterer das Licht der Welt erblickte, zeigt man hier jedem Fremden mit einem gewissen Stolze, so wie das Grabmal Michael Haydns in der prächtigen Petri=Kirche; doch für mich das merkwürdigste war ein Besuch, den ich bei der ehrwürdigen Witwe Mozarts, der jetzigen verwitweten Frau Etats-Räthin von Nissen, abstattete. Mit einem Empfehlungsschreiben des Hrn. Ritter von Seyfried versehen, begab ich mich nach ihrem Sommerquartier, (nach dem 1/4 Stunde von Salzburg entlegenen Dörfchen Froschheim) um die Frau, welche dem großen Manne so nahe stand, kennen zu lernen. — Nie werde ich diese glücklichen Stunden vergessen, die ich mit dieser ehrwürdigen Witwe in Gesprächen über die früheren Lebensverhältnisse Mozarts zubrachte. Sie gedenkt ihres ersten Gatten jetzt nach 44 Jahren noch mit derselben Liebe und Achtung, welche sie ihm im Leben gezollt. — Hier erhielt ich folgende Aufklärung über die bis jetzt so rätselhafte Entstehung des Requiem. Es wurde nämlich, so erzählte mir die Witwe, von einem Gutsbesitzer bestellt, der auf seinem Landgute bei Wiener=Neustadt eine Hauscapelle hielt, und gern für einen Componisten gelten wollte. Schon früher hatte ihm Mozart Quartette componirt, welche er unter seinem eigenen Namen aufführte. Nun hatte er bei dem Tode seiner Gemalin ein Requiem in ähnlicher Absicht bestellt, und deshalb dies geheimnisvolle Dunkel. ...

28. Jahrgang, Nr. 185, S. 740. — Karl Pfannhauser, *Epilegomena Mozartiana,* in: MJb 1971/72, S. 268–312, hier S. 291. — Die Zeitschrift wurde von Adolf Bäuerle (1786–1859) herausgegeben. — Der Verfasser des Berichts ist der Komponist und Orgelvirtuose Adolph Friedrich Hesse (1809–1863). (Karl Pfannhauser)

* Aus « Wahre und ausführliche Geschichte des Requiem von W. A. Mozart. Vom Entstehen desselben im Jahre 1791 bis zur gegenwärtigen Zeit 1839 »

Herr Franz Graf von Walsegg, Besitzer der Herrschaften Schottwien, Klam, Stuppach, Pottschach und Ziegersberg, in Österreich unter der Enns, V.U.W.W. gelegen, lebte seit seiner Verehelichung mit Anna, geborenen Edlen von Flammberg, auf seinem Schloße zu Stuppach, als ein zärtlicher Gatte und wahrer Vater seiner Unterthanen. Er war ein leidenschaftlicher Liebhaber der Musik und des Theaters; daher wurden alle Wochen, am Dinstage und Donnerstage, jedesmahl durch volle drey Stunden, pünctlich, Quartetten gespielt, und am Sonntage Theater gegeben, an welchem letzteren der Herr Graf selbst sammt der Frau Gräfin und deren Frl. Schwester theil nahmen, wie auch alle Beamten, das ganze zahlreiche Hauspersonale, jedes nach seinen Fähigkeiten, Rollen übernehmen mußte. Zum Behufe des Quartettspieles hielt Hr. Graf zwey ausgezeichnete Künstler, Herrn Johann Benaro als Violin- und Herrn Louis Prevost als Violonzellspieler, Herr Graf spielte bey Violin-Quartetten das Violoncello, und bey Flöten-Quartetten die Flöte, und ich gewöhnlich die zweyte Violine oder die Viola. Ich war damahls an der Patronatsschule des Hr. Grafen, zu Klam, als Lehrer angestellt.

Damit es aber bey so häufigen Productionen nicht an neuen Quartetten mangle, schaffte Hr. Graf nicht nur alle öffentlich herausgegebenen Musikalien dieser Art an, sondern stand auch noch mit vielen Compositoren, aber immer ohne seinen Nahmen zu nennen, in Verbindung, die ihm Werke lieferten, von denen er sich ausschließlich den Alleinbesitz vorbehielt, und sie daher gut honorierte. Nahmentlich hat Hr. Hoffmeister viele Flöten-Quartette geliefert, in welchen die Flötenstimme ganz practikabel, die drey übrigen Stimmen aber ungemein schwer gesetzt waren, damit sich die Spieler recht abarbeiten mußten, wozu Hr. Graf lachte.

Weil Hr. Graf aber nie gestochene Musikalien spielen wollte, ließ er dieselben auf zehnliniges Notenpapier schön ausschreiben, aber nie einen Auctor angeben. Die auf geheimen Wege erhaltenen Partituren, schrieb er gewöhnlich mit eigener Hand ab, und legte sie dann zum Ausschreiben der Auflagstimmen vor. Eine Original Partitur haben wir nie zu sehen bekommen. Die Quartetten wurden dann gespielt, und nun mußten wir den Auctor errathen. Gewöhnlich riethen wir auf den Hr. Grafen selbst, weil er wirklich zuweilen einige Kleinigkeiten komponierte; er lächelte dazu, und freuete sich, daß er uns, nach seiner Meinung, mystifizierte; wir aber lachten, daß er uns für so leichtgläubig hielt.

Wir waren alle junge Leute, und hielten das für ein unschuldiges Vergnügen, was wir unserm Herrn machten. Und auf solche Weise ging das Mystifizieren unter einander einige Jahre fort.

Diese Umstände glaube ich vorausschicken zu müssen, um das, was man bey der Entstehung des Requiem geheimnisvoll nennet, mehr beurtheilen zu können.

Am 14. Februar 1791 entriß der Tod dem Hr. Grafen von Walsegg seine geliebte Gattinn, in der Blüthe ihres Lebens. Er wollte ihr ein doppeltes Denkmahl, und zwar auf eine ausgezeichnete Art, gründen. Er ließ durch seinen Geschäftsträger, Herrn Dr. Johann Sortschan, Hof- und Gerichts-Advokaten, in Wien, bey einem der vorzüglichsten Bildhauer Wiens, ein Epitaphium, und bey Mozart ein Requiem bestellen, von welchem er sich wieder, wie gewöhnlich das alleinige Eigenthumsrecht vorbehielt.

Ersteres, welches über 3000 fr kostete, wurde wirklich in der Aue, nächst dem Schloße Stuppach, nach einer Zeit, aufgestellt, der Leichnam der Verblichenen aus der Familiengruft in Schottwien erhoben, und dort beygesetzt.

Das Requiem aber, das jährlich am Sterbetage der Frau Gräfin aufgeführt werden sollte, blieb länger aus; denn der Tod überraschte Mozart in der Mitte dieser ruhmvollen Arbeit. Nun war guther Rath theuer. Wer sollte sich herbeylassen einem Mozart nachzuarbeiten? Und doch mußte das Werk vollendet werden; denn die Witwe Mozart, die sich wirklich, wie bekannt ist, nicht in den besten Umständen befand, hatte den Betrag von hundert Dukaten dafür zu empfangen. Ob Vorauszahlungen geschehen waren, ist uns nicht genau bekannt worden, obschon Gründe dafür sprechen.

Endlich ließ sich Süßmayer herbey, das angefangene große Werk zu vollenden, und bekennt in den Briefen an die Musikhandlung in Leipzig, „daß er noch bey Lebzeiten Mozarts, die schon in Musik gesetzten Stücke, nämlich das *Requiem, Kyrie, Dies irae, Domine* u.s.w. öfters mit ihm durchgespielt und gesungen, daß er sich mit ihm über die Ausarbeitung dieses Werkes sehr oft besprochen und ihm den Gang und die Gründe seiner Instrumentierung mitgetheilt hat.

Von nun an, und bis zur Absendung der Partitur an den Herrn Grafen von Walsegg, finde ich mich genöthiget mich an die Worte des Herrn Abbé Stadler zu halten und diese hier anzuführen, weil die genannten zwey Broschüren doch nicht in Jedermanns Hände seyn mögen. Er sagt: „Der erste Satz, *Requiem* mit der Fuge, und der zweyte *Dies irae* bis *Lacrymosa,* sind von Mozart größten Theiles selbst instrumentiert, und Süßmayr hatte nicht viel mehr dabey zu thun, als was die meisten Componisten ihren Notisten überlassen. Bey dem *Lacrymosa* fing eigentlich Süßmayers Arbeit an. Aber auch hier hat Mozart die Violinen selbst ausgeschrieben; nur nach dem *judicandus homo reus* führte es Süßmayr bis zum Ende aus. Auf eben diese Art hat Mozart bey dem dritten Satze: *Domine,* in seiner Partitur, wo die Singstimmen schweigen, die Violinen selbst geschrieben; wo aber Singstimmen einfallen, die Motive hier und da, jedoch deutlich, für die Instrumente angezeigt. Vor der Fuge *quam olim* gab er den Violinen zwey und einen halben Tact allein auszuführen. Bey dem *Hostias* schrieb er die Violinen durch zwey Tacte vor den eintretenden Singstimmen; bey dem *memoriam Facimus* durch eilf Tacte mit seiner eigenen Hand.

Nach dem geendigten Hostias ist von seiner Feder weiter nichts mehr zu sehen, als: *Quam olim* da Capo. Hier ist das Ende der Mozartschen Partitur in der Urschrift. Man glaube aber nicht, daß Süßmayr in diese die Ausfüllung der Instrumente eingetragen habe. Er machte sich eine eigene, der Mozartschen ganz ähnliche Partitur; in diese übertrug er zuerst Note für Note, was Mozarts Original enthielt, alsdann befolgte er erst die gegebene Anleitung in der Instrumentierung aufs genaueste, ohne eine Note von den seinigen hinzuzusetzen, componirte selbst das *Sanctus Benedictus* und *Agnus Dei.* Auf diese Weise war das Werk vollendet.

Von dieser Partitur wurden sogleich zwey Copien veranstaltet. Die Handschrift Süßmayrs wurde dem Besteller eingehändigt. Eine Copie wurde an die Musikhandlung in Leipzig zum Drucke übergeben, die zweyte hier behalten und ausgeschrieben; worauf bald zum Besten der Witwe dieses herrliche Werk in dem Jahnischen Saale zum ersten Mahle aufgeführt wurde. – Ob die Urschrift des *Requiem* und *Dies irae* noch existiere und wo sie sich befinde, weiß ich nicht mit Gewißheit anzugeben; obschon ich eine gegründete Vermuthung hierüber habe. Das *Lacrymosa* und *Domine* existirt noch wirklich, wie es Mozart geschrieben, unversehrt."

Endlich sagt Herr Abbé Stadler in dem Nachtrage zu seiner Vertheidigung 1827, daß sich die Urschrift des *Dies irae* in den Händen des ersten Hofcapellmeisters, Herrn Joseph von Eybler befinde. Folglich hat Herr Graf von Walsegg keine Note des ganzen Requiem, von Mozarts eigener Hand geschrieben erhalten. Ob man in dieser Sache mit dem Herrn Grafen von Walsegg aufrichtig, ich will gar nicht sagen, ehrlich handelte, will ich dahingestellt seyn lassen.

Man hat ihm nicht einmahl gesagt, wie weit Mozarts Arbeit reichte, er glaubte bis zum Agnus Dei.

Dieses erhellet aus folgenden Umstande.

Als ich mir später aus der in Leipzig aufgelegten Partitur, zu meinem Gebrauche, die Auflagestimmen ausschreiben ließ, ersuchte ich den Hr. Grafen um den Organo seines Requiem, weil derselbe in der Partitur wie bekannt, nicht beziffert ist, um mir die Mühe der Bezifferung zu ersparen; er sagte aber, ich würde seine Orgelstimme nicht ganz brauchen können, indem er ein anderes *Agnus Dei* habe.

Ich überzeugte Hr. Grafen aber des Gegentheils, weil mir jede Note seines Requiem bekannt war, und mich das *Agnus Dei,* und die kluge Verbindung der darauffolgenden zwey Mozartschen Compositionen: *Requiem* und *Cum sanctis* besonders angesprochen haben.

Daß Herr Graf in seiner Partitur ein anderes *Agnus Dei* haben wollte, als die Leipziger Partitur enthält, suchte er uns dadurch zu beweisen, daß er immer sagte, er sey ein Schüler Mozarts, und habe ihm die Partitur stückweise zum Durchsehen nach Wien geschickt. Kurz vor dem Tode Mozarts habe er ihm gerade das vollendete *Benedictus* zu eben diesem Zwecke übersandt. Nach Mozarts Tode habe man die Partitur des Requiem vom Anfange bis zum *Agnus Dei* gefunden, und man glaubte, es sey Mozarts Composition, weil ihre beyden Handschriften die täuschendste Ähnlichkeit mit einander haben sollten.

Herr Graf habe dann das Requiem mit Hinzufügung des *Agnus Dei* und des Übrigen vollendet; Süßmayr aber habe dieses mit seiner eigenen Composition ergänzt. Daher komme es, daß Hr. Graf ein anderes *Agnus Dei* habe, als in der Leipziger Partitur erscheine. — Aus allen diesen kann man doch schließen, wie sehr man den Hr. Besteller selbst getäuscht habe, und daß man ihm sicher gesagt habe, Mozart hätte das Requiem bis zum *Agnus Dei* vollendet, und nur dieses habe Süßmayr dazu componirt, um dem Werke mehr Werth beyzulegen.

Kann man es Hr. Grafen verargen, wenn er sich nur mit uns seinen Untergebenen, einen Scherz machte, indem er das Requiem, aber nur in unserer Gegenwart, als seine Composition ausgab; da ihm mit seinem theuer erworbenen Eigenthume, wie in der Folge gezeigt werden wird, viel ärger mitgespielt wurde.

Doch glaube ich überzeugt zu seyn, daß Mozart das *Sanctus* nicht in D dur und in diesem Style geschrieben haben würde; denn obschon der Text der nähmliche ist, wie in einem Hochamte, so sind doch die Umstände bey einem Requiem ganz andere; es wird ein Trauergottesdienst dabey gehalten, die Kirche ist schwarz tapeziert, und die Priester erscheinen im Trauer-Ornate. Dazu schickt sich keine grelle Musik. Man kann heilig, heilig, ausrufen, ohne dabey Paukenwirbel anwenden zu müssen.

Das *Sanctus* und *Osanna* hat sehr viel Ähnlichkeit, mit dem aus Süßmayrs Messe in D.

Der Frau Witwe Mozart und ihrer Umgebung mag auch der Vertrag, den ihr seliger Gatte mit dem Hr. Doctor Sortschan eingegangen ist, daß nähmlich Herr Graf von Walsegg alleiniger Eigenthümer des bestellten Requiem seyn sollte, nicht bekannt gewesen seyn; sonst würde man doch nicht zugleich bey der Absendung der Partitur an den Herrn Besteller, ohne dessen Wissen und Willen, eine Abschrift davon zum Verkaufe an die Musikhandlung in Leipzig geschickt haben? Man kann denken, welchen Eindruck es auf den Hr. Grafen machte, als er erfuhr, daß die Partitur seines Eigenthums in Leipzig öffentlich im Drucke erschienen sey. —

Wirklich wollte Hr. Graf gegen die Witwe Mozart anfänglich ernstliche Schritte machen, die Sache wurde aber, bey seiner Herzensgüte, in der Folge güthlich ausgeglichen.

Nachdem also Hr. Graf von Walsegg die Partitur des Requiem erhalten hatte, schrieb er dieselbe sogleich, nach seiner gewöhnlichen Weise, mit eigener Hand von Note zu Note ganz rein ab, und übergab solche stückweise seinem Violinspieler Benaro, damit er die Auflagestimmen ausschreibe.

Unter dieser Arbeit saß ich oft stundenlang an Benaros Seite, und verfolgte den Gang dieses ausgezeichneten Werkes mit steigendem Interesse; denn zu jener Zeit war mir der ganze Vorgang mit dem Requiem durch den Hr. Oberbeamten Leitgeb, der die Abtragung des Honorars dafür, aus der Gypsniederlage in Wien, zu besorgen hatte, durchaus bekannt.

Da nun alle Auflagestimmen ausgeschrieben waren, so wurde sogleich die Einleitung zur Aufführung des Requiem getroffen. Weil sich aber in der Umgegend von Stuppach, nicht alle dazu geeigneten Musiker auf bringen ließen, so wurde veranstaltet, daß die erste Aufführung des Requiem in Wiener Neustadt geschehen sollte. Man traf die Auswahl unter den Musikern so, daß die Solo- und wichtigsten Parte von den besten, wo man sie fand besetzt wurden; daher geschah es, daß der Sopranist Ferenz von Neustadt, die Altistin Kernbeiß von Schottwien, der Tenorist Klein von Neustadt und der Bahsist Thurner von Gloggnitz zu den Soloparten verwendet wurden. Am 12. Dezember 1793 wurde Abends auf dem Chore in der Cisterzienser-Stiftspfarrkirche zu Wiener-Neustadt die Probe, und am 14. Dezember um 10 Uhr ein Seelenamt in der nähmlichen Kirche abgehalten, wobey dieses berühmte Requiem zum ersten Mahle, zu seinem bestimmten Zwecke, aufgeführt wurde.

Herr Graf von Walsegg dirigierte selbst das Ganze. Von allen dabey mitwirkenden Musikern ist, meines Wissens, jetzt, da ich dieses schreibe, sonst keiner mehr am Leben, als ich, und Hr. Anton Plaimschauer, gegenwärtig Thurnermeister hier in Wiener-Neustadt.

Am 14. Februar 1794, am Sterbetag der Fr. Gräfin wurde das Requiem in der Patronatskirche des Hr. Grafen, zu Maria-Schutz am Semmering aufgeführt, und von dieser Zeit an wurde davon von dem Hr. Grafen sonst kein Gebrauch gemacht, als daß er dasselbe in Quintetten für Streichinstrumente setzte, deren Partitur ich auch einige Jahre in meiner Verwahrung hatte.

Wie sehr sich aber das musikalische Publikum, fast von ganz Europa, an dieser herrlichen Composition, beynahe durch 46 Jahre erbaute, ist bekannt.

Diejenige Partitur des Requiem, welche von Süßmayrs Hand geschrieben seyn soll, habe weder ich, noch sonst Jemand, außer dem Hr. Grafen, je zu Gesichte bekommen, und man wußte auch nicht, was Hr. Graf mit derselben sammt den anderen Original-Partituren verschiedener Art, die er noch besessen hat, vorgekehret habe. Die Partitur aber, die mir Hr. Graf zum Einstudieren für die Sänger übergeben hat, war von seiner eigenen Hand geschrieben, und ich würde sie noch auf den ersten Blick erkennen.

Daß uns Herr Graf bey dem Requiem, wie bey den Quartetten mystifizieren wollte, war uns allen eine bekannte Sache; indem er es in unserer Gegenwart als seine Composition ausgab, wozu er aber immer lächelte.

Als ich den Herrn Grafen, in seiner letzten Krankheit, vierzehn Tage vor dem Tode, welcher am 11. November 1827 erfolgte, von Wr. Neustadt aus, mit seinem Arzte, Herrn Med. Doctor Fink, besuchte; lenkte ich auch die Rede auf die Musik und das Theater der längst vergangenen Zeit, weil ich wußte, daß er gern davon sprach, und auch zugleich auf das Requiem. Ich fragte ihn auch, ob er die Broschüren kenne, die Hr. Abbé Stadler darüber geschrieben habe.

Er bejahte es, dachte eine Weile nach und fragte mich, ob ich einen Herrn Kandler von Wien kenne. Ich sagte, daß mir Hr. Kandler zwar nicht persönlich bekannt sey, daß ich aber einige Aufsätze über Musik von ihm, wenn ich nicht irre, in der ehemaligen Wiener musikalischen Zeitung gelesen habe. Hierauf sagte, Hr. Graf, daß als er vergangenen Sommer in Baden war, Herr Kandler zu ihm gekommen sey, um Aufschlüsse über das

Entstehen des Requiem von ihm zu erhalten. Ich sagte: Haben sie ihm Hr. Graf wohl gegeben? Worauf er antwortete: Sie wissen jetzt gerade so viel, wie vorhin. – Herr Kandler wird sich wohl noch auf diesen Umstand erinnern. Ich sage hier dieses nur, um zu beweisen, daß ich in die kleinsten Einzelheiten eingeweiht bin, die in Ansehung des Requiem in Stuppach vorgingen. So weit die Geschichte bis zum Tode des Hrn. Grafen. Nach dem Tode des Hr. Grafen von Walsegg, brachte von der Schwester und Universalerbinn des Hr. Grafen, Frau Gräfin von Sternberg, Hr. Verwalter Leitner, den ganzen musikalischen Nachlaß käuflich an sich. Unter diesen mögen sich viele werthvolle Musikstücke befinden.

Im Sommer 1838 starb der herrschaftliche Amtsschreiber Haag im Schloße Stuppach, und setzte den dortigen Gerichtsdiener zum Universalerben seiner Verlassenschaft ein. Unter dieser befand sich auch eine kleine Musikaliensammlung. Und, o Wunder! man entdeckte darunter die Partitur des Mozartschen Requiem, die man sogleich als die Original-Partitur, und zwar von Mozarts eigener Hand geschrieben, erkennen wollte.

Die Sache kam zur Kenntniß Sr. Exzellenz des Herrn Grafen Moriz von Dietrichstein, wie auch des k. k. Herrn Hofrathes von Mosel, und es wurde sogleich die Einleitung getroffen, daß diese Partitur nach Wien gesendet wurde, um sie für die k. k. Hof-Bibliothek anzukaufen, wo sie sich auch gegenwärtig befindet, und vermuthlich dort ihre bleibende Ruhestätte gefunden haben wird. In wie weit diese Partitur die Original-Partitur seyn kann, ist nach dem vorhin Gesagten, zu beurtheilen, wenn man anders nicht die von Süßmayrs Hand geschriebene dafür annehmen will, was man auch zum Theile könnte; weil Süßmayr beynahe die Hälfte dieses Werkes wirklich componirt hat. Ich habe diese Partitur nicht gesehen, glaube aber, daß sie vielmehr die von der Hand des Grafen von Walsegg geschriebene seyn mag, weil sie sich unter seinen Musikalien, nach seinem Tode nicht befunden haben soll. Ich würde diese Partitur wie gesagt auf den ersten Blick erkennen. Wenn man sie mit Mozarts Handschrift vergleicht, was vermuthlich schon geschehen seyn wird, so könnte man zwar eine Ähnlichkeit der Schrift entdecken; denn Hr. Graf von Walsegg sagte öfter, wie schon erwähnt wurde, daß seine eigene Handschrift, mit der Mozarts die größte Ähnlichkeit habe. Si verum est. Sey nun die zuletzt aufgefundene Partitur Mozarts, Süßmayrs oder Walseggs Handschrift, so nützt oder schadet dieses dem Werthe des so hochgeschätzten Kunstwerks meines Erachtens, nichts.

Zum Schluße dieser Zeilen sey mir erlaubt, zwischen Kunst und Kunst einen Vergleich anzustellen. Man sollte glauben, ein Kunstwerk in Stein ausgeführt, sollte ewig dauern, und ein solches auf Papier dargestellt, sey leicht vergänglich. Und doch ist es, wenigstens bey den zwey Denkmählern, die Herr Graf von Walsegg seiner geliebten Gattinn gründen wollte, der entgegengesetzte Fall. Das wirklich schön gewesene Grabmahl von Marmor und Granit, ist von profanen Händen, besonders zur Zeit der feindlichen Invasion, so verstümmelt, und vielleicht in der Hoffnung werthvolle Dinge darin zu finden, so gänzlich zerstöret worden, daß die dem Hr. Grafen so theuern Überreste der Verblichenen wieder erhoben, und in die Familiengruft nach Schottwien zurück gebracht werden mußten. Mozarts Werk hingegen, gewinnet in den Herzen aller Kunstliebhaber immer mehr Theilnahme, und wird als ein schätzbares Denkmahl, an den in der ganzen musikalischen Welt unvergeßlichen Mozart, so lange bestehen, als der gute Geschmack an classischen Tonwerken fortdauern wird.

Friede sey der Asche des herrlichen Meisters, und auch der des verehrten Gönners, dessen Liberalität wir ein so schätzbares Kunstwerk zu verdanken haben.

Nicht zugelassen
Vom kk. Amte
Wien 8. Febr. 1839
Freyberger e. h.

Stadtarchiv Wiener-Neustadt, aufgefunden von Otto Schneider, Wiener-Neustadt. – Der Verfasser Anton Herzog war 1839, zur Zeit der Entstehung des Berichts, Kreis- und Hauptschul-Director und Chorregent in Wiener-Neustadt. – Erstdruck bei Otto Erich Deutsch, *Zur Geschichte von Mozarts Requiem*, in: ÖMZ 19 (1964), Heft 2, S. 49–60, hier S. 52–59. – Faksimile (2 Seiten) im *Mozart-Handbuch*, hg. von Otto Schneider und Anton Algatzy, Wien 1962, Tafel V/VI. – Zum Erwerb der Handschrift des *Requiem* aus dem Nachlaß des Grafen Walsegg vgl. Leopold Nowak, *Die Erwerbung des Mozart-Requiems durch die K.K. Hofbibliothek im Jahre 1838*, in: *Festschrift Josef Stummvoll . . .*, hg. von Josef Mayerhöfer und Walter Ritzer, Wien 1970, S. 295 ff.

Zu Seite 472:

* Am 6. Dezember 1841 findet anläßlich der 50. Wiederkehr von Mozarts Todestag im Wiener Stephansdom ein feierliches Pontifikalrequiem statt, bei dem unter Leitung des Domkapellmeisters Johann Baptist Gänsbacher Mozarts *Requiem* aufgeführt wird; Mozarts Sohn Franz Xaver Wolfgang ist anwesend.

Karl Pfannhauser, *Epilegomena Mozartiana*, in: MJb 1971/72, S. 268–312, hier S. 271.

6. März 1842: Das Testament Constanzes ist im vollen Wortlaut im NMJb 1942 (S. 129 ff.) abgedruckt. (Erich Valentin, *Das Testament der Constanze Mozart-Nissen . . .*)

* Vom 4. bis 6. September 1842 findet in Salzburg anläßlich der Enthüllung des von dem Münchner Bildhauer Ludwig Schwanthaler geschaffenen Mozart-Denkmals eine Feier statt, bei der auch die Söhne Mozarts, Carl Thomas und Franz Xaver Wolfgang, anwesend sind.

Hummel S. 183 ff.

Zu Seite 473:

29. Juli 1844: Das Testament Franz Xaver Wolfgang Mozarts vom 17. Juni 1842 ist bei Hummel S. 182 abgedruckt, die Sperrs-Relation usw. ebendort S. 324 ff. – Alleinerbin wurde Frau Josephine von Baroni-Cavalcabò, geb. Gräfin Castiglioni. Franz Xaver Wolfgang hatte jedoch verfügt, daß die in seinem Nachlaß befindlichen Manuskripte und eigenhändig geschriebenen musikalischen Fragmente seines Vaters, mehrere Familienschriften und Porträts, ferner das Clavier, bei welchem Mozart in der letzten Zeit seines Lebens komponiert hatte, dem „Dommusikverein und Mozarteum" in Salzburg auszufolgen seien. (Walter Senn, *Das Vermächtnis der Brüder Mozart an „Dommusikverein und Mozarteum" in Salzburg*, in: MJb 1967, S. 52–61)

Zu Seite 473–474:

1844, Anmerkung, Zeile 1: Vor *„Allgemeine Wiener Musik-Zeitung"* ist einzuschalten: „Museum Ferdinandeum, Innsbruck". (OED) – Zeile 3: streiche „Domorganist und". Seit 1824 war Gänsbacher Domkapellmeister zu St. Stephan in Wien. (Hinweis Walter Senn, Innsbruck)

Zu Seite 474–475:

1848, Anmerkung, Zeile 3 ff.: „Käß" ist Franz Bernhard von Kees sen., der am Bauernmarkt wohnte; seine zweite Frau war die Sängerin Karoline, geb. von Mercier. (MGG VI, Sp. 1772) – Kees war Subskribent von Mozarts Mittwoch-Akademien 1784. (Bauer–Deutsch Nr. 780)

Zu Seite 475:

1849, Anmerkung, Zeile 3: statt „Dschinistan" lies „Dschinnistan". (OED) – Geburtsdatum von Julius Cornet: 15. 6. 1794, Innichen (*Riemann, Musiklexikon,* 12. Auflage; Ergänzungsband Personenteil A–K, hg. von Carl Dahlhaus, Mainz 1972). (Hinweis Walter Senn, Innsbruck)

Zu Seite 476:

* MAX KELLER AN KARL FRANZ VON SCHAFHÄUTL, 23. OKTOBER 1852

Mozart sah ich 1780 im Kloster Seeon zum ersten, u. auch zum letzten Male, weil er in diesem Jahre noch nach Wien abgereist ist. Er sah damals |: so wie ich mich erinnern kann :| etwas blaß und aufgedunsen aus. Von seinem schönen, wundervollen Orgelspiel verstand ich damals noch nichts, war ja erst 10 Jahre alt.

Bayerische Staatsbibliothek München. – Robert Münster, *Kurfürst Max III. Joseph von Bayern und die musizierenden Patres von Kloster Seeon,* in: MJb 1960/61, S. 195–207, hier S. 203, Anmerkung 22. – Keller (1770–1855) war seit 1780 Singknabe im Benediktinerstift Seeon, wurde dort Organist und später Kapellmeister in Altötting. – Schafhäutl (1803–1890) war Professor der Geognosie in München, schrieb auch über Musik. – Mozart scheint sich 1780, aber nicht auf der Reise nach München im November, in Seeon aufgehalten zu haben; nach Wien reiste er 1781 von München aus.

Zu Seite 480:

* AUS FRANZ XAVER SCHNYDER VON WARTENSEES «NOTIZEN ÜBER DIE ZAUBERFLÖTE VON MOZART»
(25. Juli 1856)

Als ich im Jahre 1832 in Prag die Bekanntschaft des dortigen, nun schon seit Jahren verstorbenen Kapellmeisters Trübensee machte, erzählte er mir, er sei als zweiter Oboespieler bei Schikaneders Theater in Wien angestellt gewesen, und habe unter Mozarts Leitung bei der ersten Aufführung der Zauberflöte mitgespielt. Die Oper gefiel von Anfang an nicht. Die Ouvertüre, die Introduktion u.s.w. fielen offenbar durch und der gute Mozart, der auf das Gelingen der Zauberflöte große Hoffnungen zur Verbesserung seiner Verhältnisse stellte, sei leichenblaß geworden. Erst das Duett: „Bei Männern, welche Liebe fühlen" fand entschiedenen Beifall und von da an war der glänzende Erfolg der Oper gesichert. Ferner sagte mir Trübensee, daß damals die bekanntlich von Schikaneder verworfene Komposition von Mozart zu dem Duett, ganz in großem Stil geschrieben, noch vorhanden war, daß man bei den vielen nachherigen Aufführungen der Zauberflöte mit den beiden Kompositionen abwechselte, und auf dem Theaterzettel stund: mit dem alten Duett, oder mit dem neuen Duett.

Neue Zeitschrift für Musik, Leipzig, Band 45, Nr. 5, S. 43. – Nach Karl Maria Pisarowitz (MGG XIII, Sp. 663) war Joseph Trübensee (Triebensee) (1772–1846) von 1791 bis 30. 4. 1794 Oboist am Kärntnertortheater; er müßte also während der ersten *Zauberflöte*-Aufführungen vom Freihaustheater „ausgeliehen" worden sein, wenn seine Erinnerungen zutreffen. – In den erhaltenen Zetteln des Theaters ist jener Vermerk nicht zu finden. – Am 4. Januar 1802, als die *Zauberflöte* zum ersten Male im neuen Theater an der Wien gegeben wurde, kündigte Schikaneder zwei ungedruckte Stücke an, wovon eines gewiß die erste, von ihm verworfene Fassung jenes Duetts gewesen ist. (OED) Vgl. dazu Gernot Gruber, in: NMA II/5/19, S. XII.

13. Oktober 1858: Das Testament Carl Thomas Mozarts vom 29. September 1856 ist bei Hummel S. 338 ff. abgedruckt.

Zu Seite 481:

* Aus «Recensionen und Mittheilungen über Theater, Musik und bildende Kunst», Wien 1862

Ein neuer Text zum „Don Juan" soll, wie die „Allgemeine Theater-Chronik" erzählt, demnächst in München versucht werden. Hr. v. Wolzogen fand nämlich bei dem Grafen York v. Wartenburg auf Klein-Oels bei Ohlau ein Exemplar des alten Libretto und brachte es in Verbindung mit der im Besitze der Fr. Viardot befindlichen Originalpartitur. Wie umfassend sich Hr. v. Wolzogen mit dem „Don-Juan"-Texte seit Jahren befaßt hat, ist bekannt. Gestützt auf diese und der HH. Kugler, Viol u. A. Vorarbeiten, hat nun der Burgpfleger des Schlosses Nimfenburg, Hr. Wendling, selbst Musiker, eine Neue Uebersetzung sammt Szenirung dem Münchner Hoftheater eingereicht, wo das Werk demnächst in dieser Gestalt zur Aufführung kommen soll, und zwar u. A. mit dem ursprünglichen Schluß-Finale. Wir kommen selbstverständlich auf diesen Versuch zurück, der, wenn er gelingt, als eine wahre reformatorische That gelten kann.

8. Jahrgang, Nr. 50, S. 799. – Gefunden von Walter Senn, Innsbruck.

Zu Seite 482:

* Aus William Jackson's «Memoirs», veröffentlicht 1882

An anecdote of him may be worth preserving. When he was a mere infant (I think under six years of age) he was exhibited as a great performer on the harpsichord, and an extraordinary genius für music. John Bach took the child between his knees and began a subject on that instrument, which he left and Mozart continued – each led the other into very abstruse harmonies, and extraneous modulations, in which the child beat the man. We were afterwards looking over Bach's famous song "Se spiego" in Zanaida. The score was inverted to Mozart, who was rolling on the table. He pointed out a note which he said was wrong. It was so, whether of the composer or copyist I cannot now recollect, but it was an instance of extraordinary discernment and readiness in a mere infant.

The Leisure Hour, London 1882, p. 274. – Gefunden von Stanley Sadie, London. – William Jackson of Exeter (1730–1803), Musiker und Komponist, veröffentlichte 1782 und 1798 zwei Bücher über verschiedene Gegenstände, aber Auszüge aus seinen Memoirs werden nicht vor 1882 gedruckt. Er war offensichtlich bei einer der Begegnungen Mozarts mit Johann Christian Bach in London, 1764/65, zugegen. Arien aus Bachs Oper *Zanaida* wurden 1763 publiziert. (OED)

Zu Seite 485–492:

In der „Liste der Subskribenten" (1784) sind folgende Ergänzungen bzw. Berichtigungen vorzunehmen:

Aguilar, Conde de, Marqués de la Torre, diplomatischer Vertreter Spaniens („L'Ambaßadeur d'Espagne") in Wien von 1779 bis 24. 9. 1784 (nicht Yriarte)

Apponyi, Gräfin („Apumoni"): nicht Therese, geb. Nogarolla, Frau des Anton Georg Grafen Apponyi, da diese erst 1790 geboren; die „Comteße Apumoni" bleibt vorerst unidentifiziert.

Bedekovich: Anton Bedekovich von Komor oder Franz Freiherr von Bedekovich von Komor, 1783 Hofsekretär

Fechenbach: Johann Philipp Karl Anton Freiherr von, kaiserlicher wirklicher geheimer Rat (?)

Fries, Graf: Johann Reichsgraf Fries oder dessen ältester Sohn Joseph

Gleichen: Heinrich Karl Freiherr von Gleichen, dänischer Kammerherr (?)

Hartenstein: Johann Franz Zach (nicht „Zacharias") von Hartenstein

Herberstein: Joseph Johann Nepomuk Graf Herberstein

Lutz, von: Peter Ritter von Lutz oder Johann Lutz, Niederlags-Verwandter

Margelick, Frau von: Frau des Joseph Wenzel von Margelick oder des Johann Wenzel von Margelick, k.k. Hofrat

Nádasdy, Graf: Franz Graf Nádasdy-Fogáras, nicht dessen Vater Franz Leopold, der 1783 starb

Nostitz, Graf: außer Joseph Wilhelm oder Franz Anton Graf Nostitz möglicherweise auch Johann Nepomuk Graf Nostitz-Rieneck, später Präsident des Prager Konservatoriums

Oeynhausen, Graf: Karl August Graf Schulenburg-Oeynhausen, portugiesischer Gesandter in Wien von 1780 bis 1791

Prandau, Baron von: Joseph Ignaz Freiherr von Prandau oder Karl Hilleprand Freiherr von Prandau, kaiserlicher Reichshofrat

Raab: Dr. Ignaz Raab, Vetter (nicht „Vater") von Maria Anna Raab, der Hauswirtin Leopold Mozarts in Salzburg

Schleinitz, von: Wilhelm Karl Ferdinand Freiherr von Schleinitz, 1782 bis 1789 Resident von Braunschweig-Wolfenbüttel in Wien

Sternberg, Graf: Reichsgraf Gundacker Sternberg oder Franz (Christian) Philipp Graf Sternberg, Geheimrat, Kämmerer, zweiter Obersthofmeister

Waseige: Etienne Wasseige, einer der drei „Segretari Intimi" des Großherzogs Leopold von Toscana, toscanischer Agent in Wien

Yriarte, Don Domingo: ist zu streichen, siehe Aguilar, Conde de

Zu Seite 493:

7. Dezember 1791, Zeile 6: nach „Nachgelassener Ehegatt" ergänze „namens". (OED)

Zu Seite 504:

In der „Erbsteuer-Berechnung" ist in Zeile 12 („Wenn also mit dem Passivstande pr:") die Summe „1413 f. 16 Kr." zu berichtigen in „1473 f. 16 Kr.".

Zu Seite 509:

„Sperrs-Relation", Anmerkung, Zeile 4: statt „Thekla, geborenen Spangler" lies „Barbara, geborenen von Stögern". (Deutsch I S. 67)

Zu Seite 509–510:

Im „Verzeichnis . . . der Bücher" bzw. „Musikalien" ist zu berichtigen (Deutsch I S. 67):

Nr. 29. Giovanni Sagredo, *Arcadia di Brenta ovvero la malinconia sbandita*, Köln 1674. (Zuerst erschienen unter dem Namen Ginnasio Gavardo Vacalerio 1667, eine Sammlung von 45 Novellen und 400 Aphorismen, als Rahmenerzählung in der Art des Decamerone.)

Nr. 37. Friedrich Wilhelm Streit, *An attempt to facilitate the learning of the English language by publishing a collection of some letters, anecdotes, remarks and verses, wrote by several celebrated English authors*, etc., Gera 1774.

Nr. 50. *Jeuneval, ou le Barneveldt français*, nach dem englischen Trauerspiel *The merchant of London* von George Lillo, ins Französische übersetzt von Louis Sébastien Mercier und danach ins Deutsche von Friedrich Ludwig Schröder als *Die Gefahren der Verführung* (Burgtheater 1781, wo 1778 schon eine Übersetzung aus dem Englischen von Christian Gottlob Stephanie d. Ä. gegeben worden war). Der Held des Stückes ist George Barnwell.

Zu Seite 511:

Im Verzeichnis der „Musikalien“ ist zu berichtigen:

Nr. 69. Franz Stad, *Sei Sonate a Violino solo col Basso.* Gemeint sind die bereits 1774 bei Sieber in Paris erschienenen Sonaten (*Six Sonates pour Violon et Basse Composée par F. Stad*), die in Wien auch abschriftlich kursierten. (Wolfgang Plath, *Mozartiana in Fulda und Frankfurt*, in: MJb 1968/70, S. 333–386, hier S. 373)

Im Zwischentitel „Verschiedene Miscellanies“ ist nach „Antiquar“ zu ergänzen: Die Euing Collection der Universität Glasgow besitzt ein Buch mit Mozarts Signatur: Giovenale Sacchi, *Della divisione del Tempo nella musica, nel ballo e nella poesia*, etc., Milano 1770. (OED)

Zu Seite 512:

16. Februar 1765, Zeile 16: statt „eenemaal“ lies „eenmaal“. (Dok S. 606)

Zu Seite 516:

4. Januar 1793 und 11. März 1796, Überschrift: statt „Hirmondó“ lies jeweils „Hírmondó“. (OED)

Zu Seite 522:

1785, Zeile 8: statt „berits“ lies „bereits“.

Anmerkung, Zeile 4: statt „Bleistift“ lies „roter Tinte“. (Deutsch I S. 67)

Zu Seite 524–525:

Prag 1791, Anmerkung, Zeile 1: vor „Universitäts-Bibliothek Prag“ schalte ein „S. 382–384“. – Zeile 4: streiche „wohl“. (OED)

Zu Seite 526:

18. Januar 1792: Diese Notiz in der Grazer *Zeitung für Damen und andere Frauenzimmer* ist ein Nachdruck der bereits am 7. Januar 1792 im *Salzburger Intelligenzblatt*, der Beilage der *Oberdeutschen Staatszeitung*, erschienenen gleichlautenden Notiz. Vgl. Ernst Hintermaier, *Eine frühe Requiem-Anekdote in einer Salzburger Zeitung*, in: ÖMZ 26 (1971), Heft 8, S. 436 f. (mit Abdruck der „Anekdote“). – Daß das *Requiem* in der Sankt-Michaels-Kirche in Salzburg als Trauergottesdienst für Mozart etwa 1792/93 aufgeführt worden wäre, ist nicht zu erweisen. (Karl Pfannhauser, *Epilegomena Mozartiana*, in: MJb 1971/72, S. 291–292) – Anklänge in der Diktion machen es wahrscheinlich, daß Constanze eine der beiden Zeitungsnotizen Niemetschek für seine Mozart-Biographie zur Verfügung stellte.

Zu Seite 527:

Juli 1795, Anmerkung, Zeile 1: Hinter „Band 10, S. 314–316" ist einzuschalten: „‚Auch im Gratzer Frauen-Journal' (Beilage der ‚Grazer Zeitung') am 9. September 1795, Nr. 36, S. 564, erschienen." (OED) – Johann Gottfried Calve führte seit 1791 den Musikverlag in Prag, den seine Witwe 1829 weiterführte. (Karl Gustav Fellerer, *Zur Rezeption von Mozarts Opern um die Wende des 18./19. Jahrhunderts,* in: MJb 1965/66, S. 39–49, hier S. 44, Anmerkung 40)

Zu Seite 528:

22. November 1796, Anmerkung: Zum Linzer Konzert vgl. Konrad Schiffmann, *Drama und Theater in Österreich ob der Enns,* Linz 1805, S. 109 mit Anmerkung 2 (Ankündigung). (Mitteilung Gerhard Croll, Salzburg)

Zu Seite 529:

8. November 1799, Unterschrift: statt „K. R. Raths Agent" lies „k.k. HRaths Agent".

Zu Seite 531:

8. November 1799, Anmerkung, Zeile 7: statt „Reichshofagent" lies „Reichshofratsagent". (OED)

9. Februar 1800: Der Brief Constanze Mozarts an J. A. André ist bei Bauer–Deutsch unter Nr. 1281 abgedruckt.

Zu Seite 561:

Linke Spalte: statt „Bauerriß" lies „Bauerreiß". (Deutsch I S. 67)

Zu Seite 565:

Linke Spalte: statt „Czernin von Chudewitz, Johann Rudolf Graf" lies „Czernin von Chudenitz, Johann Rudolph Graf".

Zu Seite 566:

Linke Spalte: Den Haag: nach „194" ergänze „219" – *Denkwürdigkeiten . . . da Ponte:* statt „236, 266" lies „223, 236, 470". (Deutsch I S. 67)

Zu Seite 569:

Linke Spalte: Flamm: statt „Thekla" lies „Barbara". (Deutsch I S. 67)

Zu Seite 579:

Linke Spalte: London: statt „Hannover Square Rooms" lies „Hanover Square Rooms". (Deutsch I S. 67)

Zu Seite 581:

Rechte Spalte: Memorie: statt „448, 466, 470" lies „266, 448, 466". (Deutsch I S. 67)

Zu Seite 585:

Linke Spalte: Mozart, Vergiftung: ergänze die Seitenzahlen „425, 428, 452". (Deutsch I S. 67)

Zu Seite 595:

Linke Spalte: Schmalecker: statt „(Herr)" lies „Johann". (Deutsch I S. 67)

Zu Seite 596–597, 602: Generalregister

Zu Seite 596:
Rechte Spalte: streiche „Spangler, Thekla s. Flamm". (Deutsch I S. 67)

Zu Seite 597:
Linke Spalte: nach „Stockmayer" ergänze „Stögern, Barbara von s. Flamm". (Deutsch I S. 67)

Zu Seite 602:
Linke Spalte: Wien, Palais Pálffy: ergänze die Seitenzahl „18". (Deutsch I S. 67)

REGISTER

A
Verzeichnis der erwähnten Werke nach KV-Nummern

B
Orte

C
Personen

Mozart
Briefe und Aufzeichnungen
Gesamtausgabe

Herausgegeben von der Internationalen Stiftung Mozarteum Salzburg. Gesammelt von Wilhelm A. Bauer und Otto Erich Deutsch, aufgrund deren Vorarbeiten erläutert von Joseph Heinz Eibl. Register zusammengestellt von Joseph Heinz Eibl

Vier Textbände, zwei Kommentarbände und ein Registerband, 4417 Seiten, Leinen mit Schutzumschlag / ISBN 3-7618-0401-6

Vier Textbände (I–IV) mit zusammen 2351 Seiten und 17 Kunstdrucktafeln, Leinen mit Schutzumschlag / ISBN 3-7618-0143-2

Zwei Kommentarbände (V–VI) mit zusammen 1395 Seiten, Leinen mit Schutzumschlag / ISBN 3-7618-0144-0

Registerband (VII) mit 671 Seiten, Leinen mit Schutzumschlag / ISBN 3-7618-0145-9

Diese Mozart-Briefausgabe ist die erste, die den Titel „Gesamtausgabe" zu Recht trägt, denn sie strebt – anders als die älteren Ausgaben von Ludwig Schiedermair, Erich Müller von Asow und Emily Anderson – in mehrerer Hinsicht Vollständigkeit an: Sie vereinigt alle direkt oder indirekt erreichbaren Briefe, erfaßt darüber hinaus alle Schriftstücke, die als „Aufzeichnungen" zu gelten haben, und gibt die einzelnen Stücke möglichst vollständig wieder. Die in den vier Textbänden von Wilhelm A. Bauer (gest. 1968) und Otto Erich Deutsch (gest. 1967) zusammengetragenen Briefe und Aufzeichnungen (erschienen 1962/63) umspannen einen Zeitraum von mehr als 100 Jahren. Beginnend mit Leopold Mozarts Briefen an seinen Augsburger Verleger Johann Jakob Lotter aus dem Jahr 1755 reichen sie über die Briefe und Aufzeichnungen der Familie Mozarts während W. A. Mozarts Lebenszeit und über den Briefwechsel von Mozarts Witwe Constanze und Mozarts Schwester Nannerl mit den Verlegern hin zu Briefen des Mozart-Sohnes Carl Thomas aus dem Jahre 1857. Die in den Schriftstücken genannten Werke, die Fakten und Ereignisse, die Anspielungen und Andeutungen bedürfen für den heutigen Leser der Kommentierung. Joseph Heinz Eibl hat diese schwierige und langwierige Aufgabe übernommen und die Ergebnisse seiner Arbeit in zwei Kommentarbänden (erschienen 1971) niedergelegt. Der Registerband (erschienen 1975), den ebenfalls Joseph Heinz Eibl erstellt hat, schlüsselt die vier Textbände und die beiden Kommentarbände in zehn Einzelregistern auf und ermöglicht damit eine effektive und gezielte Benutzung der Ausgabe.